오직 감사할 뿐

오직 감사할 뿐

— 정현 스님의 행복 언어 —

민족사

머리말

저는 그저 부처님의 평범한 제자입니다. 산사에서 기도하고 수행하며, 법회를 통해 혹은 방송과 유튜브로 부처님의 법을 제 나름대로 전하며 살다 보니 어느덧 노승이 되었네요. 흐르는 세월을 붙잡아 둘 수도 없고, 깊어가는 산사의 적막 속에서 그동안 살아오면서 느낀 바를 나누고 싶은 원력이 생겼습니다.

생각해 보면, 글재주가 있는 것도 아니고, 그렇다고 깊은 깨달음을 이룬 것도 아니지만, 인연 있는 분들에게 지금까지 살아오면서 느꼈던 것들을 들려줘야겠다는 생각이 들었습니다. 어쩌면 부처님 덕분에 살아온 삶에 대한 보답을 해야 하지 않겠는가 하는 출가 수행자로서의 본분사에 대한 자각일지도 모르겠습니다.

저는 인과(因果), 인연(因緣)을 매우 소중히 여기고 있습니다. 저의 이야기도 인과, 인연에서 시작됩니다. 불제자로 살아오면서 깨달음이라고 하기엔 부끄럽지만 마음 한편 확연히 다가온 것이 바로 인과, 인연입니다. "콩 심은 데 콩 나고 팥 심은 데 팥 난다"는 속담처럼 우리 마음 밭에 무엇을 심느냐에 따라 마음이 변하게 되고, 마음 먹은 대로 성취되는 가피를 체험할 수 있을 것입니다. 제가 여러분에게 해 주고 싶은 이야기는 좋은 일을 하면 좋아진다는 단순하지만 확실한 인과의 순리 바로 그것입니다.

그리고 또 한 가지 추가한다면 생명 자체의 존귀함에 대한 이야기입니다. 자신의 생명은 물론이고 이 세상 모든 생명이 얼마나 귀한 존재인지 깨닫고 이해한다는 것은 정말 말로 다 설명할 수 없을 정도로 중요한 일입니다. 삶이 고달프다고 자살을 하는 사람들, 세상이 원망스럽다고 타인을 해치는 사람들 등 생명 경시 풍조가 만연한 것을 보면서 생명 존중 사상의 확산이야말로 이 시대에 참으로 시급한 일이라는 생각이 들었습니다.

수행자의 삶은 온 우주의 모든 생명이 행복하게 잘 살기를 기원하는 데 있습니다. 저의 삶 역시 마찬가지입니다. 만나든 만나지 않든 인연이 있는 이든 없는 이든 모든 사람들의 행복을 기원합니다. 겉으로는 너와 내가 달라 보이고, 다 제각각 다채로운 삶을 살아가고 있지만, 우리 모두는 동근이화(同根異花) 같은 뿌리에서 다른 꽃이 핀 것입니다.

우리의 겉모습은 다르지만 내면은 부처님과 똑같은 불성 존재입니다. 하지만 본래 부처였다 해도 부처님 마음을 닮아가려 애쓰고, 생활 속에서 부처님의 행을 하지 않으면 부처에서 멀어집니다. 반면에 인과의 순리를 이해하고 인연법을 깨우치면서 부처님 말씀대로 수행해 나간다면 바로 지금 이 자리에서 부처님 나라를 이루는 것입니다.

지금 이 순간 작은 마음의 작용과 좋은 행동이 큰 운명의 틀을 만들어 간다는 사실을 알고 순간순간 정진하시길, 그리하여 우리 모두에게 본래 깃들어 있는 아름다운 생명, 불성 존재로서의 찬란한 삶이 매 순간 꽃피울 수 있기를 합장 발원합니다.

2021년 5월
생지장도량 철원 심원사에서
정현 합장

차례

- 머리말 ⋯ 005

1장
행복 열쇠

비밀의 문	⋯ 017
매일 매 순간 새기는 열두 명상 언어	⋯ 020
부처님 마음과 중생 마음	⋯ 022
진정한 용기	⋯ 024
이왕이면 플러스 반응	⋯ 027
산도 움직이고 있다	⋯ 029
날마다 좋은 하루	⋯ 032
한 송이 꽃으로도 충분한 세상	⋯ 034
착각에서 벗어나기	⋯ 035
배추 한 포기에도 천지의 은혜가 깃들어 있다	⋯ 038

잠들지 못하는 날에도 행복하라	⋯ 040
있는 그대로 존재하기	⋯ 042
기적의 주인공	⋯ 044
부(富)와 행복의 원천	⋯ 046
우리는 무한 능력의 생명	⋯ 050
감동 연습	⋯ 052
현실 세계의 대 긍정	⋯ 054
자비는 생명을 기르는 근원	⋯ 056
끝없이 복습해야 하는 까닭	⋯ 058
지금 나의 기억이 미래의 나를 만든다	⋯ 060
병은 어디에서 오는가	⋯ 064
나는 무엇으로 존재하는가	⋯ 068
영원한 현재를 살아갈 뿐	⋯ 072
산다는 것이 아름답고 미묘한 기적이다	⋯ 074
모든 것은 서로 연결되어 있다	⋯ 076
그저 감사하라	⋯ 078
바라보는 대로 세상이 만들어진다	⋯ 080
깊은 호흡	⋯ 082
내가 그 사람을 사랑한 것이 아니다	⋯ 084
생각의 힘, 믿음의 힘	⋯ 088
복(福)은 어디에서 오는가?	⋯ 089

염불도 연습해야 하고 행복도 연습해야 한다	··· 092
너무 이기려 하지 말라	··· 094
마음은 밝게 끝없이 쓰고, 말은 가려서 쓰자	··· 096
신행(信行)하는 사람	··· 100
나는 이대로 완전한 불성(佛性) 생명	··· 102
부처님과 늑대 소년	··· 104
굴레	··· 106

· 2장 ·
행복 언어

자기 예배	··· 111
내 생명의 영원함이여	··· 112
아름다운 부처님	··· 114
한 송이 꽃으로 만나고 싶다	··· 116
명상(冥想) 언어	··· 117
나는 나를 만든다	··· 118
최고의 명약	··· 119

자기 생각이란	⋯ 120
미안하고 감사하다	⋯ 122
감사(感謝)라는 영약(靈藥)	⋯ 124
좋은 법당의 부처님	⋯ 125
행복	⋯ 127
누구를 위한 인생인가	⋯ 128
진리	⋯ 130
믿음은 원동력	⋯ 132
체험	⋯ 134
참음이라는 보살님	⋯ 136
해탈	⋯ 137
나는 무엇으로 행복한가	⋯ 138
인식의 세계	⋯ 140
인생 Ⅰ	⋯ 142
인생 Ⅱ	⋯ 144
마음으로 마음을 열다	⋯ 146
오늘 아침 자화상	⋯ 148
관무량수(觀無量壽)	⋯ 150
부처와 나	⋯ 152
이 세상에서 가장 큰 바보	⋯ 153
자신의 전부를 사용하자	⋯ 154

처음 마음으로 가득하리	··· 157
나는 지금 여기에서 좋아지고 있다	··· 158
새로운 날, 새롭게 사용하자	··· 160
활짝 웃는 것은 행복의 빛이다	··· 162
긍정이나 부정이나 다 내 것이다	··· 164
세상에서 가장 중요한 것	··· 166
때때로 마음을 쉬어가자	··· 168
지금을 극락처럼 살고 싶은가	··· 170
참회	··· 172
자신을 진정 사랑한다면	··· 174
자신을 살펴볼 줄 아는 사람은 해탈을 얻는다	··· 176
흐르는 물처럼 살아가자	··· 180
집착에서 자유로워지기	··· 182
나의 내면에 모든 답이 들어 있다	··· 184
집중과 집착	··· 186
모든 것은 지나가고 있다	··· 188
생명 본성의 진보	··· 190
다른 것은 매력이 있다	··· 192
기도 수행	··· 194
지금 살자	··· 196
나라는 존재	··· 198

참으로 어여쁜 당신 ··· 200
살아 있는 모든 생명이여… ··· 202
어려움은 본래 없는 것 ··· 204
지금 이 순간 ··· 206
고통은 마주하고 관찰하라 ··· 207
부처님 오신 날 ··· 208
밝은 사람은 항상 성장한다 ··· 210
필요한 사람 ··· 212
내 생명의 힘 ··· 214
이미 성공한 사람 ··· 216
이해할 수 없는 일들이 힘들게 하거든 ··· 218
내가 세상을 본다 ··· 220
한 생각 바꾸면 ··· 222
마음 이야기 ··· 224
내가 나에게 설하는 무설법(無說法) ··· 226
꿈 ··· 227
지금 일하자 ··· 228
하루살이 ··· 229

- 갈무리하며 ··· 231

1장.

행복 열쇠

비밀의 문

여러분에게 가장 먼저 비밀 한 가지를 알려 주고 싶습니다. 사실 알고 보면 비밀이 아닌데도 사람들이 잘 모르는 비밀입니다.

바로 여러분 모두가 '부처'라는 사실입니다. 부처님께서 온 우주의 이치를 깨닫고 나서 하신 가장 첫 말씀이 일체중생 실유불성입니다. 이 세상 모든 생명이 불성을 가진 존재라는 것입니다.

부처님의 마음으로 보면 결코 특별하지 않은, 매우 당연한 일인데 중생의 마음으로 보기 때문에 특별한 일이고, 신기한 비밀이 되는 것입니다. 깨닫는다는 것은 중생 마음을 그대로 부처 마음으로 변화시키는 것이라 할 수 있습니다.

비밀을 알면 어떻게 될까요?

스스로 불성 존재임을 아는 사람은 아무리 힘든 시련이 닥쳐도 흔들리지 않고, 늘 편안하고 풍요롭고 행복한 인생을 열어갈 수 있습니다.

그렇다면 자신이 부처라는 사실을 잊은 사람은 어떻게 살아갈까요?

바람이 불면 나뭇잎이 나부끼다 떨어지듯 흔들립니다.

타인에 의해 흔들리고, 자신의 잘못된 망상과 편견에 요동치며 불안하고 불행한 삶을 살아갑니다.

자신은 물론이고 다른 사람이 부처라는 사실을 잊은 사람은 또 어떻게 살아갈까요?

남의 생명을 무참히 빼앗고 훔치는 등 나쁜 짓을 서슴없이 하는 사람들이 이런 부류입니다. 누구나 이렇듯 잘못된 길로 빠질 수 있습니다. 그러나 이런 사람들 또한 개과천선할 기회를 주어야 합니다. 나와 남이 다 부처라는 비밀을 알면 타인의 잘못을 용서할 수 있습니다.

왜냐하면 그 사람은 자기 자신도 다른 사람들도 부처라는 비밀을 잠시 잊었기 때문에 그런 잘못된 삶을 살아가는 불쌍한 중생이기 때문입니다.

이제 세상의 수많은 수행자들이 비밀을 알기 위해 평생을 바치는 까닭을 알아차리셨겠지요?

부처님께서 알아내신 비밀이 더 이상 수행자들의 전유물이어서는 안 됩니다. 수행자들의 목표에서 더 나아가 모든 사람들의 목표가 되어야 평화로운 세상이 됩니다.

비밀을 이론적으로 알고 이해하는 것은 어렵지 않습니다. 하지만 머리로 아는 이론은 한계가 있습니다. 스스로 뼈저리게 체득해야만 행동으로 뿜어져 나오는 것입니다.

어떻게 하면 될까요?

불교에서는 아상에서 벗어나 바라보라고 합니다. 아상, 나라는 것에 대한 집착에서 온갖 문제가 발생하기 때문입니다. 내 입장이 아닌 자연환경, 이웃의 입장에서 바라볼 줄 알면 절반은 비밀의 문이 열린 것입니다. 아상에서 온전히 벗어나면 비밀의 문이 열리고, 온 세상에 사랑과 자비가 충만하다는 것을 느끼게 될 것입니다.

매일 매 순간 새기는
열두 명상 언어

날마다 새로운 날, 좋은 날입니다.

절에서는 새벽예불을 드립니다. 도량석으로 우주를 깨우고, 예불을 드리면서 하루를 엽니다. 세상 사람들은 새벽예불 대신 열두 명상 언어라도 매일 매 순간 가슴에 새기고 실천하면 좋겠다는 생각이 들어서 만들어 보았습니다.

* * *

하나, 나날의 할 일은 나만의 특권이니 즐겁게 행하라.

둘, 자신이 대 불성(佛性) 존재임을 믿으라.

셋, 나의 말은 위대한 힘을 지니고 있어 나의 운명을 창조한다. 좋은 말이 나를 번영케 한다.

넷, 마음이 밝은 사람은 행복 속에서 살게 된다. 항상 마음을 따뜻하게 열라.

다섯, 세상은 나의 거울이다. 그대의 마음만큼 돌려받을 것이다.

여섯, 미워하는 사람을 용서할 때, 원망하는 마음을 놓아 버릴 때 갖가지 병도 불행도 사라져 버린다.

일곱, 발전의 기회는 언제나 지금 여기에 있다.

여덟, 보시(布施)는 조건이나 대가를 바라지 않고 행하였을 때 그 아름다운 공덕의 꽃이 활짝 열린다.

아홉, 지금 이 아침을 밝은 생각으로 채워라. 더 나아가 이미 광명(光明)으로 가득한 자신을 알아차려라.

열, 지금 이 순간 모든 것을 밝음으로 바라보라. 밝은 곳으로 한 걸음 나아가라. 그리하면 이 세계는 좋은 일로 변모하여 온다.

열하나, 행복의 꽃은 웃는 얼굴과 사랑의 말에서 활짝 피어난다.

열둘, 지금 자신에게 정직하라. 지금 자신을 신뢰하라. 지금 자신을 사랑하라.

부처님 마음과
중생 마음

부처님 마음과 중생 마음은 둘이 아닙니다.
손등과 손바닥이 떨어져 있지 않은 것처럼….

부처님 마음은 있는 그대로 느끼고 알아차리는 것이고,
중생 마음은 있는 그대로를 자기의식대로 왜곡해서 느끼는 것입니다.

진리는 생각보다 단순합니다.
지금 바로 이 자리에서
있는 그대로
바르게 보면 됩니다.

진정한 용기

진정한 용기란 무엇일까요?

여러 가지 견해가 있겠지만, 저는 남의 시선에 얽매이지 않는 것, 남과 비교하지 않는 것을 첫손에 꼽고 싶습니다. 또 한 가지를 더 얘기하라고 한다면 자신만 편안코자 하는 마음, 더 높이 더 잘 살고자 하는 이기적인 욕구를 이겨내는 일이라는 생각이 듭니다.

세상에는 무수한 직업이 있습니다. 3D업종이라고 불리는 것도 있습니다. 때론 세상 사람들의 편견, 잘못된 시선 속에 하찮은 일이라 생각되어 그 일을 하면서도 부끄러워하는 사람들도 있습니다. 그 모든 것이 생각해 보면, 남과의 비교, 더 나아가면 아상에서 비롯된 것입니다. 내가 있다는 생각, 자신이 남보다 우월하다거나 열등하다고 생각하는 데서 오는 것입니다.

본질을 알면 일 자체에 대한 우월과 열등은 없습니다. 남의 시선에 얽매이지 않고 자유롭다면 어떤 일이든 그 자체로 노동의 기쁨을 누리면서 행복해질 수 있을 것입니다.

또 한 가지, 이기적인 욕구를 이겨내기란 결코 쉬운 일이 아닙니다. 세상 사람은 누구나 자기 자신을 가장 사랑하기 때문입니다. 그렇기 때문에 개인의 이익을 넘어 사회적 공익을 실천해 나가는 것이야말로 지극히 소중한, 진정한 용기라 할 수 있습니다. 때때로 자신의 목숨을 바쳐 타인을 살린 의인의 이야기가 들려옵니다. 그는 비록 떠났어도 그의 진정한 용기는 영원히 세상을 밝히는 빛으로 남아 있는 것입니다.

제가 생각하는 또 하나의 용기는 정말 잘못한 사람, 아주 미운 사람도 이해하고 용서하는 것입니다. 미움은 우리의 본래 성품이 아닙니다. 또한 상대방의 미운 행동도 영원한 것이 아닙니다. 세상 사람은 결코 미움과 두려움의 대상이 아니라 존중하고 사랑해야 할 대상으로 받아들이는 일이라 생각합니다.

저는 늘 부처님 전에 이 세상 모든 사람들이 진정한 용기로 살아갔으면 하는 기원을 합니다. 저 자신부터 실천하겠다고 다짐합니다. 그런 염원이 깊어질수록 놀라운 일들이 벌어집니다. 여러분도 한번 체험해 보십시오. 진정한 용기를 마음에 심고 실천한다면 날마다 기쁨으로 충만한 삶이 될 것입니다. 그것이 우리의 본래 면목입니다. 자기 자신 안에 깃들어 있는 아름다운 생명을 깨닫게 되길 거듭 기원 드립니다.

이왕이면
플러스 반응

한 올의 실이 씨실과 날실로 조직되어 천을 만들 듯 우리 삶 또한 온갖 작용과 반응이 체계를 이루어 만드는 것입니다. 우리는 아주 미세한 일부터 큰일에 이르기까지 유기적 작용과 반응을 일으키며 살아가고 있습니다.

여러분은 몸의 반응, 의식의 반응, 소리의 반응 등 수없이 많은 작용과 반응을 느끼면서 살아가고 계십니까? 사실 대부분의 사람들은 그냥 살고 있습니다. 어떻게 작용하고 반응하는지 그 움직임에 대한 알아차림이 가능해지는 것만으로도 삶이 보다 편안하고 행복해질 수 있을 것입니다.

반응에는 좋은 반응과 좋지 않은 반응이 함께 존속합니다. 좋지 않은 반응을 마이너스 반응, 좋은 반응을 플러스 반응이라고 한다면 몸·생각·소리 등에서 마이너스 반응을 되도록 줄이고, 이왕이면 플러스 반응을 늘리는 습관을 들이셨으면 합니다.

다 잘 아시겠지만 실패의식·좌절의식·불평의식 등은 마이너스 반응이고, 행복 창조·기쁨 창조·자비 창조 등은 플러스 반응이라 할 수 있습니다. 마이너스 반응을 줄이고 플러스 반응을 늘리는 것이야말로 기적 같은 삶의 열쇠라고 할 수 있습니다.

부처님께서는 몸과 입과 뜻 삼업을 청정하게 하고, 실천 수행을 통한 바른 반응에 대해 일깨워 주셨습니다. 몸의 반응, 소리의 반응, 마음의 반응이 일상 속에서 좋은 방향으로 작용하고 반응하고 회향함으로써 올바른 존재의 유전성을 지니게 되는 것입니다.

플러스 반응은 자신뿐만 아니라 다른 사람과 사물에게까지 플러스 반응, 좋은 영향을 미치기 마련입니다. 나의 반응이야말로 나의 행복과 불행을 창조하는 주인공입니다. 주인공, 즉 나의 반응을 어떻게 길들이느냐에 따라 우리 인생이 펼쳐지는 것입니다. 어떻게 하시겠습니까? 마이너스 반응으로 슬픔과 불행의 주인공이 되시겠습니까? 이왕이면 플러스 반응으로 기쁨과 행복의 주인공이 되시겠습니까?

산도 움직이고 있다

    삼라만상은 움직이며 변화하고 있습니다. 고정적인 실체는 이 세상 그 어디에서도 찾을 수 없습니다. 우리 몸의 작은 세포에서 거대한 산에 이르기까지 늘 움직이며 변화하고 있습니다.

    우리네 운명(運命) 역시 마찬가지입니다. 다만 과거와 현재가 서로 영향을 주고받으며 변화하고 있기 때문에 간혹 의심을 품을 만한 일들이 생기는 것도 사실입니다. 현재 열심히 선량하게 살고 있는데도 박복한 경우 과거 전생에 복을 짓지 않았을 것입니다. 하지만 그 또한 고정된 것이 아닙니다. 현재의 선행이 영향을 미쳐서 운명이 바뀝니다.

    운명의 속성이 이러하므로 좋은 운명, 나쁜 운명이 정해져 있을 리 만무입니다. 좋은 인생뿐만 아니라 나쁜 인생, 나쁜 사람, 나쁜 운명 등이 영원히 지속되는 일은 결코 없다는 말입니다. 그럼에도 불구하고 사람들은 고통 속에 헤매고 있습니다. 가슴 아파하고 슬퍼하고 괴로움 속에서 고통 받으며 자신과 가족의 목숨을 끊는 극단적인 선택을 하는 사람들을 보면 안타깝기 그지없습니다. 고통의 실체를 이해하지 못하고 깨닫지 못한 데서 그렇듯 불행한 일이 일어나는 것입니다.

본래부터 나쁘게 정해진 건 없습니다. 자승자박, 스스로 만든 밧줄에 스스로 얽매여 있는 것입니다. 우리가 겪는 고통과 미망이 본래 있는 게 아닐뿐더러 즐거움과 행복 또한 본래부터 있었던 것이 아닙니다. 인연에 따라 불행이라는 이름으로 행복이라는 이름으로 펼쳐지는 것입니다.

가장 중요한 것은 우리에게 깃든 무량수(無量壽: 영원한 시간), 무량광(無量光: 영원한 공간)의 한량없는 생명의 존재를 느끼고, 이해하고, 조금씩 체득해 가면서 스스로 대자유인임을 확인하게 되는 데 있습니다. 바로 지금 이 자리에서 상락아정(常樂我淨)의 극락세계가 펼쳐지는 것이지요.

힘든 일이 있다면 그저 뺨에 스치는 바람결처럼 지나갈 일이라고 대수롭지 않게 대하세요. 더 고통스러운 일이 일어나지 않은 데 대해 감사하며 그동안 있었던 고마운 일을 하나씩 헤아려 보세요. 어느새 고마운 일들로 가득 찬 행복한 인생이 되어 있을 것입니다. 일체유심조, 모든 것은 마음이 만듭니다.

날마다 좋은 하루

오늘 하루가 영겁을 살아가는 영원의 출구입니다.
오늘 하루는 내게 주어진 단 하나의 시간, 영원히 오지 않을 소중한 시간입니다. 오늘 어떻게 보내야 하겠습니까?

날마다 좋은 하루, 먼저 오늘을 살아갈 수 있음에 감사로 열고 감사로 닫으십시오. 내게 주어진 오늘 하루, 나 자신을 맑히고 순화하고 성장시켜서 우리 안에 본래 깃든 불성을 남김없이 구현하며 살아갈 것을 가슴에 새기십시오.
내 안의 불성, 부처님 성품을 자각하고, 사랑과 자비로 가득 채워 가는 오늘 하루는 우리 삶을 영원히 풍요와 행복으로 채워 줄 것입니다.

한 송이 꽃으로도
충분한 세상

무엇을 더 구하고 싶으십니까? 무엇을 더 가져야 만족하시렵니까? 그저 한 송이 꽃으로도 인생의 찬란한 기쁨을 누리기에 충분한 세상입니다.

다만 체감하지 못할 뿐 우리가 지은 업(業)은 업대로 복(福)은 복대로 삶이라는 그림으로 그려지고 있습니다. 체감하는 것이 이 세상의 전부가 아닌 것처럼 체감하지 못하는 것에도 생명이 존재합니다.

가끔은 보이는 것에만 집착하지 말고 보이지 않는 것, 체감하지 못하는 것에도 마음을 향하고 귀를 기울여 보세요. 온전히 체감하며 살아가다 보면 한 송이 꽃만으로도 이 세상은 아름답고 살아갈 만한 곳입니다.

착각에서 벗어나기

요즘 마음의 병을 호소하는 분들이 아주 많습니다. 다치거나 여타 육체적 질병은 오히려 치료하기 쉬운데 마음의 병은 어떻게 해야 할지 몰라 갈팡질팡 헤매기 십상입니다.

하지만 마음의 병은 이치만 잘 알면 바로 치유할 수 있습니다. 스스로 그 마음의 움직임을 그치고 마음의 흔들림을 잘 조절하면 치유가 됩니다.

소승 역시 보통사람들처럼 그동안 무수히 많은 잘못을 저질렀고, 어리석은 행동을 하고 자신에게 혹은 다른 사람에게 노여워한 일도 많습니다. 그때마다 불보살님께 참회하고 발원했습니다.

"불보살님이시여,
제가 잘못된 점은 용서해 주시고, 모자란 점은 이해해 주시길 바랍니다.
제가 지은 잘못을 고치기 위해 최선을 다해 노력하겠습니다."

참회하고 발원함으로써 전도된 생각에서 벗어나 사람에게 본래 나쁜 실체가 없음을 알게 합니다. 그렇게 되면 마음의 병을 만든 마음을 변화시킬 수 있습니다. 우리가 시급히 해야 할 일이 있습니다.

자기 자신이 병이 들었다는 착각
자기 자신이 가난하다는 착각
자기 자신이 불행하다는 착각
자기 자신이 그것밖에 못하고 있다는 착각
자기 자신이 행복하지 못하다는 착각

위의 모든 내용은 환상이며 착각이며 오해입니다. 이러한 오해 속에서 마음이 어두워지면 자신은 물론이고 타인에 대해서도 나쁜 존재로 규정 짓고 단죄하는 경우가 생기는 것입니다. 이미 자기 자신에게 어둠을 불러일으킨 다음 타인과 더 나아가 이 세상 모든 것을 어둠으로 물들입니다. 거듭 말씀드리지만, 그 모두가 자신이 만든 착각이요, 마음의 오해입니다.

이러한 전도된 생각에서 벗어나는 것만으로도 마음의 병을 치유할 수 있습니다. 아무쪼록 어두운 마음을 밝혀 자기 자신은 물론이고 다른 사람을 존중하고 사랑하시길, 마음 깊이 내면에서 우러나오는 충만한 행복을 누리면서 살아갔으면 합니다.

배추 한 포기에도
천지의 은혜가 깃들어 있다

　배추는 아주 작은 씨앗에서 출발합니다. 씨앗이 배추가 되려면 직접 맞닿은 대지와 바람, 햇빛과 비, 자양분 등이 다양하게 작용해야 합니다. 이러한 눈에 보이는 작용 외에도 온 우주 전체의 기운이 함께해야 배추 한 포기가 성장하는 것입니다. 배추씨가 파란 배춧잎이 되기까지 무수한 인연의 작용, 배추 한 포기에도 천지의 은혜가 깃들어 있다는 것을 생각하면 참으로 경이롭습니다.

　사람도 마찬가지입니다. 보이지 않는 사랑과 보이지 않는 수많은 은혜, 누군가의 헌신과 봉사, 무한한 자비심 덕분에 지금 자기 자신이 살아갈 수 있다는 것을 자각하고, 언제 어느 때나 감사해야 합니다.

우리 모두 보이지 않는 중중무진의 은혜 속에서 성장하고, 번영하고, 진보하고 있습니다. 세상 만물, 인연 소생(因緣所生)의 힘으로 작은 배추씨가 배추가 되듯이 사람 또한 그렇게 성장합니다. 이러한 이치를 자각하면 어떻게 될까요? 세상천지가 은혜로 충만해지고, 그저 감사하고 사랑할 뿐 불평불만, 불화의 자리는 텅 비게 될 것입니다.

잠들지 못하는 날에도
행복하라

급변하는 세파에 휘둘리면서 살아가는 사람들을 보면 참 힘들어 보이는 경우도 많습니다.

잠 못 이룰 정도로 고민이 깊은지 연세보다 깊이 패인 주름, 거친 살결로 나이가 많아 보이는 분들을 보면 애잔한 생각이 듭니다.

아무리 힘든 일도 영원하지 않다는 것, 죽고 싶을 정도로 괴로운 일을 겪었다 하더라도 지금 살아 있음에 감사하십시오.

살아 있음에 온몸으로 고마움을 느끼면 미움도 분노도 잠들어 버리고, 가슴에 남아 있던 고통도 꿈결처럼 지나가고, 고마운 일이 생깁니다.

어느 순간 무엇 때문에 고통스러워했는지도 모르고 행복한 미소를 짓고 있는 자신을 발견하게 될 것입니다.

잠들지 못하는 날에도 감사하십시오. 행복이 열립니다.

나는 지금 행복합니다.
나는 지금 감사할 뿐입니다.

있는 그대로 존재하기

다람쥐 쳇바퀴 같은 일상에서 벗어나고 싶으신가요?
무미건조한 일상에 새롭게 충전의 에너지를 불어넣고 싶으신가요?

잠시 마음을 쉬어보세요.
하나, 두울, 셋 천천히 수를 세면서 호흡하며 다른 무엇이 아닌 존재 자체에 더 많은 시간과 공간을 만들어 보십시오. 존재 자체만으로도 충만해질 때까지 기다려 보세요. 그리 긴 시간이 걸리지 않을 것입니다.

자신의 호흡을 느끼면서 잠시 쉬는 것만으로도 영혼이 맑아지고 행복 충만!

'그래, 그냥 이대로도 괜찮다' 하며 스스로 위로의 말을 건네 보세요.

봄바람이 살랑살랑 가슴이 따뜻해질 것입니다.

있는 그대로 존재하기를 알아차린 삶,
참으로 복된 인생입니다.

기적의 주인공

"기적이 일어났으면 좋겠어요"라고 말하는 분들이 있습니다.

저는 "하루하루 살아가는 우리의 삶이 기적이고, 우리가 기적의 주인공입니다. 우주만유의 주인공이신 당신을 존경합니다."라고 말해 주고 싶습니다.

숨을 쉬고, 걸어가고, 말을 하고, 생각하는 이 모든 일들이 아름답고 미묘한 기적 같은 일입니다. 보고 듣고 느끼는 이 모든 것들이 기적입니다.

영화배우는 배역에 따라 추한 모습을 보이기도 하고, 멋진 모습을 보이기도 합니다. 영화 촬영을 마치면 배역에서의 미추(美醜)가 사라진 자신의 본래 모습으로 돌아옵니다.

삶도 영화와 다르지 않습니다. 어느 때는 고달픈 배역을 맡을 때도 있고, 또 다른 때는 승승장구 잘나가는 배역을 맡을 때도 있습니다. 삶의 배역이 좋을 수도 있고, 나쁠 수도 있지만, 다 잠시 스쳐 지나는 배역일 뿐이라는 것입니다.

가장 중요한 사실은 우리 자신이 늘 행복하고 번영해 가는 존재, 나 자신이 존재 자체만으로도 훌륭한 삶의 주인공임을 인식하는 것입니다. 매일 아침 눈뜨자마자 말로 표현하기 부끄러우면 마음으로 각인시키십시오.

"나는 내 삶의 주인공이다. 오늘도 힘차고 당당하게, 행복하게 살아보자."

일체유심조(一切唯心造), 일체는 오직 마음으로 이루어진다는 말씀은 진리입니다. 반드시 당신의 염원대로 될 것임을 믿고 순간순간 행복하게 삶의 주인공으로 살아가십시오.

부(富)와 행복의 원천

"여러분, 부자 되세요."

광고는 물론이고 여기저기서 위와 같은 말을 많이 듣습니다. 사람들의 부자가 되고 싶은 마음이 그만큼 크다는 것을 반증하는 것이겠지요. 부자로 잘살고 싶다는 마음은 자연스러운 욕망입니다. 그런데 가난을 면치 못해 괴로워하며 평생 불행하게 살아가는 사람들도 있고, 물질적으로는 가난하지만 지족하면서 행복하게 살아가는 사람들도 있습니다. 경제적으로는 똑같이 어려운 사정인데 왜 어떤 사람들은 지옥을 헤매고 있고, 또 다른 사람들은 극락처럼 살아갈까요?

자신과 가족, 이웃에 대한 존중과 사랑입니다. 자신과 가족, 이웃을 존중하고 사랑하는 사람들은 설령 물질적인 것뿐만 아니라 어떤 고난이 닥친다 해도 흔들리지 않습니다. 그분들은 자기 자신이 행복의 원천이요, 삶의 주인공으로 살아가기 때문입니다.

그런데 자신을 존중하지 않고 사랑하지 않는 사람들은 고난과 시련에 굴복합니다. 자신에 대한 자책과 아울러 가족과 이웃을 원망하기도 합니다. 마음이 흔들리면 흔들릴수록 가난이 스며들고 고통스럽고 불행해 집니다.

우리가 가장 먼저 해야 할 일은 자신에 대한 사랑과 존중, 더 나아가 가족과 이웃을 존중하고 사랑하는 것입니다. 먼저 존중하고 사랑해 보십시오. 눈에 보이지 않는 마음의 법칙은 미묘하고도 미묘합니다. 마치 자석처럼 부와 행복을 끌어당겨 줍니다.

부디 나 자신이 부와 행복의 원친임을 명심하시고 지금 이 순간 진심을 다해 존중하고 사랑하십시오. 지금 그 모습 그대로 행복한 사람이 될 것입니다.

우리는
무한 능력의 생명

우리는 어떤 존재일까요?

세상 사람들은 자신의 존재에 대해 시시하게 여기는 경우가 많은 것 같습니다. 어릴 때부터 경쟁사회에 길들여져 다른 사람과 비교하여 뒤처졌다 여기는 분들은 물론이고, 앞서가는 것 같은 사람들 역시 더 앞서가는 사람들과 비교하면서 더욱더 좌절하고 스트레스를 받으며 살아가는 분들이 많습니다.

하지만 우리는 겉으로 보이는 현상과는 무관하게 무한 능력을 가진 생명입니다. 구름이 드리워 천지를 어둡게 하고, 천둥 번개가 쳐서 지상을 위협할 때도 여전히 푸른 하늘에 태양이 존재하는 것을 생각한다면 이해하기 쉬울 것입니다. 한탄, 우울, 슬픔 등은 잠시 잠깐 나타났다 스러지는 구름의 작용과 같은 것이요, 우리는 여전히 푸른 하늘의 태양과 같은 존재입니다.

　한 알의 곡식도 땅에 떨어져 온 생명력을 다해서 완전히 쓸 때 스스로 수백 번의 확장이 있게 되고 성장하는 것처럼 자신의 생명을 온전히 쓴다면 우리 안에 내재된 무한 능력이 발휘될 것입니다. 자신의 능력을 시시하게 여기지 마십시오. 우리는 쓰면 쓸수록 넘쳐 나오는 무한 능력의 소유자입니다. 믿으십시오. 믿는 대로 이루어지는 우주의 법칙 속에서 살아가고 있다는 믿음을 가지십시오.

　거듭 말씀드리지만, 자신에게 주어진 몸과 마음이 무한함을 믿으십시오. 그리고 우리 자신 안에서 울려 나오는 생명의 소리에 귀기울이고, 무한히 성장해 가고 있는 자신을 느끼십시오. 지금 이 순간 한 호흡 한 호흡에 영원한 생명이 움트고 있다는 것, 바로 지금 이 순산이 최적의 기회라는 것을 알고 놓치지 마십시오.

감동 연습

우리는 마음이 따뜻해지는 감동적인 이야기를 좋아합니다. 그런데 나이가 들수록 감동하는 일이 적어진다는 것을 느끼실 겁니다. 인생을 살아가면서 감동의 시간들이 많아져야 행복지수가 높아진다는 것을 생각하면 안타까운 일이 아닐 수 없습니다.

아주 작은 일에도 감동하고 감격하며 감복하는 것도 연습이 필요합니다. 먼저 딱딱한 나무토막 같은 삶의 긴장을 푸십시오. 마음의 여유를 갖고 매 순간 생명의 에너지를 느껴 보세요. 감동 연습을 하다 보면 겨울 나목이었다가 새순이 움튼 모습에서도 감동하고, 스치는 바람결에서도 감동이 물결치는 것을 느낄 수 있을 것입니다.

숨을 쉬며 살아가고 있다는 것에 감동하고, 자신이 하는 모든 일에 감동하며, 만나는 모든 사람들을 사랑하며 살아갈 수 있음에 감동하다 보면 마음이 기쁨과 행복으로 충만해질 것입니다. 그렇게 일거수일투족 감동하다 보면 부와 풍요가 찾아옵니다. 복덕을 불러들이는 성취의 법칙이 감동에 있다는 말입니다.

무언가를 이루고 싶고 행복해지고 싶으시다면 감동 연습을 해 보십시오. 감동의 시간이 늘어나면 늘어날수록 감동할 일이 더 많이 생기고, 작은 것에서도 행복해지고, 원하는 일마다 이루어지는 마법을 체험하게 될 것입니다.

현실 세계의
대 긍정

"누구에게 보여주기 아까울 정도로 내가 예쁘다(멋지다)."
"내가 보기에도 아까울 정도로 정말 예쁘다(멋지다)."

거울을 보면서, 아니 거울을 보지 않더라도 나 자신을 예쁘게, 멋지게 봐야 합니다. 인과의 법칙은 아주 작은 생활 습관에서도 나타납니다. "콩 심은 데 콩 나고 팥 심은 데 팥 난다."는 속담처럼 선악(善惡)의 업인에 의해 고락(苦樂)의 과보를 받는 인과의 법칙은 누구에게나 평등합니다.

인과의 세계를 알면 아무리 거친 풍파가 들이닥친다 해도 편안하고 행복한 삶을 영위할 수 있습니다. 어떤 역경을 맞닥뜨리든 원망하는 마음, 미워하는 마음이 생기지 않습니다. 그 모든 문제의 원인이 내게서 비롯된 것이고, 그 문제 또한 고정된 실체가 없기에 영원하지 않은, 잠시 지나가는 것임을 알기 때문입니다. 언제 어느 때나 현실 세계를 긍정하며 받아들일 때 문제라는 허상에 휘둘리지 않고, 고통받지 않으며, 인생을 뜻대로 열어나갈 수 있습니다.

허상에서 휘둘리지 않는 마음, 현실 세계의 대 긍정!
그 어떤 것도 두려워하지 않고, 피하지 않고 대 긍정의 자세로 대할 때 복덕이 무르익고 공덕이 쌓입니다.

자비는
생명을 기르는 근원

수행의 궁극적인 목적은 무엇일까요?

왜 수행하느냐고 물으면 대부분 진리를 깨닫기 위해 수행을 한다고 답합니다.

그렇다면 진리를 깨닫는 것이 수행의 목적일까요?

저는 수행의 목적은 진정한 자비심을 기르기 위한 것이라고 생각합니다. 수행해서 진리를 깨달으면 부처님처럼 이 세상 만물이 인연으로 이루어진 것이고, 서로서로 이어져 있는 둘이 아닌 존재임을 알게 됩니다. 일부러 자비로운 척하는 게 아니라 저절로 자비심이 나오고 자비로운 행이 나올 수밖에 없는 것입니다. 그래서 저는 자비심과 자비로운 행동이 수행의 척도라고 생각합니다.

자비심은 다른 사람과 둘이 아닌 하나가 되어 공감하고, 조화와 편안함을 느끼게 해 주는 정신의 파동입니다. 자비심이야말로 만 생명의 고통을 치유하는 힘이요, 자비심에서 우러난 자비로운 행동은 뭇 생명을 성장시키는 원동력입니다.

자비는 생명을 기르는 근원, 자비심으로 자신과 가족과 이웃을 따뜻하게 보듬으면서 살아가는 것이야말로 수행의 완성, 인생 최고의 행복입니다.

끝없이
복습해야 하는 까닭

인생은 끝없는 복습의 연속입니다.
신행 생활 또한 끝없는 복습이 필요합니다.
하루하루 정진하고 익히고 또 익혀야 합니다.
어느 순간 게으름이 올라올 때도 있을 것입니다.
일과수행을 정해 놓는 것도 이런저런 유혹을 물리치고
꾸준히 정진하기 위함입니다.

끝없이 복습하며 정진하다 보면 영적인 체험을 할 수도 있습니다.
신비한 체험에도 흔들리지 마십시오. 그 또한 우리의 수행을 방해하는 환영입니다.
하루하루 끝없이 복습하는 동안에 우리 마음의 근육이

튼튼해집니다.

  그 어떤 시련에도 끄떡없는 마음 근육 덕분에 그 어떤 유혹에도 휘둘리지 않고, 우리 인생을 날마다 좋은 날, 행복한 날로 만들어 가는 힘이 되어 줍니다.

지금 나의 기억이
미래의 나를 만든다

'나는 무엇으로 살아가고 있는가?'

곰곰이 생각해 보면 지난날의 행위와 사고, 의식 등이 지금 이 순간에도 작용하여 오늘의 나의 삶을 만들어 갑니다. 알게 모르게 내 의식, 무의식에 내장되어 있는 그것을 기억이라 한다면 지금 나의 기억이 미래의 나를 만든다 해도 과언이 아닙니다.

사람들은 기억에 의해서 존재하고 기억에 의해서 판단하고 이해하고 결정합니다. 기억은 생활 전반에 영향을 미칩니다. 좋은 기억으로 남은 사람을 보면 반갑고, 나쁜 기억으로 남은 사람을 보면 불쾌해집니다. 사람과의 만남뿐만 아니라 무슨 일이든 기억의 영향을 받기 마련입니다. 좋은

기억을 많이 가진 사람은 좋은 기억을 바탕으로 좋은 인생을 만들어 가고, 좋지 않은 기억을 많이 가진 사람은 그 영향을 받아 어두운 인생을 만들어 가기 쉽습니다.

　기억을 이미 지나간 과거의 경험에서 형성된 것이라고 생각할 수 있습니다. 그런데 꼭 그렇지만은 않습니다. 앞날의 기억도 미리 만들어 갈 수 있다는 것입니다. 어제는 오늘의 과거이고, 오늘은 내일의 과거입니다. 과거·현재·미래가 바로 지금 이 순간 역동적으로 움직이고 있다는 것을 알 수 있을 것입니다.

　'그때 그렇게 하지 말 걸…' 하고 후회하며 고통받고 있다면, 이때 고통은 지난 행위로 형성된 기억 때문입니다. 그와 동시에 지금의 고통으로 형성되고 있는 기억은 미래로 이어지는 기억이라 할 수 있습니다.
　지난날의 잘못에 대한 고민이나 가슴 아픈 것에 대한 기억에 집착하는 것이야말로 미래 역시 고통 속에 빠뜨리는 기억이 됩니다. 먼저 과거의 나쁜 기억이 실제로는 지금 있는 것이 아닌, 이미 지나간 것임을 알아차려야 합니다. 과거 나쁜 기억의 집착에서 벗어나야만 나쁜 기억들을 치유하고 정화할 수 있습니다.

과거의 나쁜 기억이 영원하지 않다는 것만 알아도 나쁜 기억에 얽매이지 않을 수 있습니다. 나쁜 기억의 사로잡힘에서 벗어나 자신의 앞날을 새롭게 설계하고 그렇게 만들어 가리라 굳건하게 마음먹는 순간 온 우주에 충만한 불보살의 가피를 입을 수 있습니다.

앞날에 대해, 오지 않은 미래의 일에 근심 걱정하는 어리석음을 범하지 말고, 과거의 나쁜 기억은 다 잊고, 좋은 기억만 꺼내 쓰십시오. 좋은 기억이 오늘의 좋은 운명을 열어 가는 것처럼 밝고 행복한 기억들로 미래를 행복하게 열어 가시길 기원 드립니다.

병은
어디에서 오는가

생로병사(生老病死)는 인간이면 누구나 짊어져야 할 근원적인 네 가지 고통입니다. 그중에 특히 병고는 나이를 막론하고 찾아옵니다. 오랜 세월 고질병으로 고생하는 분들도 많습니다. 이 병이 어디에서 왔는지 곰곰이 생각해 보십시오. 잘못된 식습관, 자세, 생활 환경, 영양 부족, 운동 부족, 세균 감염, 유전병, 직업병 등등 찾아보면 병의 원인은 아주 다양합니다.

그런데 병원에서는 밝히기 힘든 스트레스로 인한, 심인성 질병의 경우 그 원인을 세심히 살펴보면 누군가를 오랫동안 용서하지 못하는 마음, 미워하는 마음에서 오기도 합니다.

미워하고 원망하는 마음은 병을 유발할 뿐만 아니라 병고를 지속시키는 원인이 되기도 합니다. 마음과 육체는 둘로 나뉘는 것이 아닙니다.

마음이 아프니 육체도 아픈 것이지요. 미워하는 마음, 용서하지 못하는 마음만큼 자기 자신을 아프게 하는 것도 없습니다. 그 아픈 마음을 놓지 못하기 때문에 병고도 오랫동안 지속되는 것입니다. 병고는 이 세상에서 겪는 지옥고라 할 수 있습니다.

대승자모 지장보살님은 지옥에서 고통받는 모든 중생을 남김없이 구원하겠다는 큰 원력을 세우신 수많은 대승보살님 가운데 으뜸 보살님입니다. 지장보살님의 큰 원력을 생각하면서 지장보살님의 품에 안기십시오. 용서 못한 사람이 있다면 그 사람을 떠올리면서 지장보살님께 보내십시오. "지장보살님, 저 원수 같은 인간을 이젠 더 이상 미워하지 않고 용서하겠습니다."라고 하면서 지장보살님의 품으로 그 사람을 훨훨 보내십시오.

병이 깊으면 깊을수록 더욱더 간절한 마음으로 지장보살님을 떠올리고 입으로는 지장보살님을 염송하면서 용서하고 또 용서하십시오. 물론 의사 선생님의 처방도 성실히 따라야 합니다.

의사 선생님의 처방약도 성실히 먹고 치료도 열심히 받으면서 마음가짐을 잘 가지라는 것입니다. 오직 기도만 하면 다 된다고 생각하는 것도 치우친 견해입니다. 제가 용서를 강조하는 것은 마음이 육체를 지배하는 측면이 있기 때문에 용서를 통해 마음의 응어리가 풀리면 질병에서 벗어날 수도 있기 때문입니다. 실제로 주위에서 그런 사례를 많이 보았습니다.

질병에 걸렸을 때, 특히 원인을 찾기 힘든 질병으로 고통받을 때 누구를 용서해야 할지 잘 살펴볼 필요가 있습니다. 누구를 미워하고 있는가, 누구에게 원망하는 마음이 향하고 있는지를 잘 살펴서 스스로 반성하고 그 사람을 용서하면 정말 신기할 정도로 빨리 쾌유되는 경우가 있습니다.

가장 용서하기 힘든 그 사람이야말로 다른 누구도 아닌 나 자신을 위해서 용서하고 놓아 버려야 할 사람입니다. 용서함으로써 미움이라는 집착을 놓아 버리면 자기 자신 안의 불성 생명체계가 작동하여 치유해 주는 놀라운 이치를 경험한 분들도 있을 것입니다.

이러한 것을 마음으로 받아들이고 생각으로 받아들이

고 행위로 받아들이고 언어로도 받아들여야 합니다. 이렇게 온전히 받아들일 때 질병은 물론이고 삶의 고통에서 자유로워질 것입니다. 추우면 추운 대로 좋고 더우면 더운 대로 좋은 것처럼 자신에게 다가온 온갖 시련과 역경도 꿋꿋하게 받아들일 때 고통받지 않는 힘이 생기는 것입니다. 하물며 병고에 휘둘리겠습니까?

세상의 모든 질병, 더 나아가 고통은 인연을 맺고 있는 관계의 불안, 온전하지 않은 것, 힘든 것에 대한 생각에서 올 수 있습니다. 자기 안의 불안, 미움, 분노 등등 우리가 본래 지닌 불성과 위배된 것들을 불식할 때 봄눈 녹듯이 사라지게 됩니다.

나는 무엇으로
존재하는가?

존재에 대한 질문은 평생의 화두입니다. 나는 무엇으로 존재하는가? 곰곰이 생각해 보세요. 일단 몸이 있고, 재능과 재물, 가족, 친지 등등 사람들과의 관계에서 내 존재를 느낄 수도 있을 것입니다.

그런데 이 세상에 태어나는 순간부터 생로병사를 겪을 수밖에 없는 존재를 생각하면 알 수 없는 불안과 고통에 흔들리는 자신을 발견하게 될 것입니다. 일단 나는 누구인가, 무엇으로 존재하는가에 대해 깊이 생각해 보았으면 합니다.

나는 이 세상의 주인입니다.

석가모니 부처님은 인류 역사 이래 가장 위대한 스승이십니다. 그분이 이러한 찬탄을 받을 수 있는 것은 존재의 이치, 우주 만유의 진리를 깨닫고 우리에게 일깨워 주셨기 때문입니다. 부처님께서는 우리 모두가 생로병사에 휘둘리는 나약한 존재가 아니라 무한한 가능성을 지닌 불성(佛性) 존재로서 영원한 불성으로 살아갈 수 있도록 이끌어 주셨습니다.

나는 자비 원만한 생명입니다.
석가모니 부처님께서는 우리 모두가 탐내고 성내고 어리석은 탐진치 삼독심으로 살아가는 존재가 아니라 본래 자비 원만한 불성 존재임을 거듭 확인해 주셨습니다. 우리는 결코 어리석은 중생이 아닙니다. 자비 원만한 생명입니다.

나는 무한 능력의 생명입니다.
할 수 없을 거라고 미리 포기하는 분들이 많습니다. 하지만 할 수 없는 일은 없습니다. 다만 용기가 없어서, 체면 때문에, 게으름과 어리석음 때문에 할 수 있는 일을 시도조차 하지 않기 때문에 못하는 것입니다.
우리는 무한 능력의 생명입니다. 무한 능력의 에너지를 내장하고 있습니다. 깨달음은 없는 것을 얻는 것이 아니라 이미 가진 것을 알아차리는 것입니다. 우리는 무한 능력의 생명, 불성의 화현입니다.

마음의 힘, 언어의 힘 또한 무한합니다. 나는 영원한 불성 생명, 자비 원만한 불성 존재, 무한 능력의 불성 자체라는 것을 마음 깊이 믿고 언어로 표현하고 행동으로 실천할 때 뜻하는 대로 성취할 수 있습니다. 일마다 부처님 일이요, 처처가 불국토입니다. 불국토 완성의 주인공은 바로 여러분입니다.

영원한 현재를
살아갈 뿐

우리는 막연히 과거·현재·미래의 삼세가 따로 있는 것으로 믿고 있습니다. 겉으로 보기엔 따로 있는 것처럼 보이지만 피상적인 생각일 뿐입니다. 조상들의 내세는 지금 나의 현세이며, 나의 내세는 현세의 결과입니다.

우리의 현재, 바로 지금 살아 움직이는 이 현장에 과거·현재·미래가 공존합니다. 지금 이 순간 선한 마음을 품으면 전세의 나쁜 업을 씻는 것이요, 내세의 천상세계를 여는 것입니다. 그와 반대로 악한 마음을 품으면 전세의 업을 더하는 것이요, 내세의 지옥문을 여는 것입니다.

어떻습니까? 모든 것은 바로 지금 이 자리, 현재 어떤 마음을 품고 어떻게 살아가는지에 달려 있다는 것을 알아차리셨습니까? 이미 지나간 과거, 아직 오지 않은 미래에 저당 잡힐 일이 없습니다. 오직 영원한 현재를 살아갈 뿐입니다. 현재를 잘 살아가면 그뿐…생로병사도 두렵지 않게 됩니다.

과거에 얽매이고 미래의 환상에 들떠 있는 것 자체가 현재의 생명을 갉아먹는 것입니다. 영원한 현재를 살아가는 것이야말로 완전한 불성으로 거듭나는 것입니다. 불성 존재임을 결코 잊지 않고 영원한 현재를 살아가시면 만사형통입니다.

산다는 것이 아름답고
미묘한 기적이다

　언젠가 시한부 선고를 받은 암환자의 글을 읽은 적이 있습니다.

　아침에 눈떴을 때 아직 살아 있음에 감사하고, 따뜻한 햇살을 느낄 수 있음에 감사하고, 숨을 쉬고 사랑하는 사람을 볼 수 있다는 것이 감사하다는 내용….

　저는 그분의 글을 읽으면서 '참으로 잘 살아온 분이구나. 수행을 잘하셨구나. 죽음이 눈앞에 있는데 저렇게 느끼고 매사 감사하게 생각하는 분이라면 참으로 복된 내생을 맞이하겠구나' 하는 생각이 들면서 그분의 앞날을 위해 축원을 드린 일이 있습니다.

살아간다는 것 자체가 기적이며 경이로운 일입니다. 이 세상에 아프지 않은 사람, 병들지 않는 사람, 힘든 시간을 지내지 않은 사람은 없습니다. 각자 겪어야 할 아픔과 시련이 있기 마련입니다.

하지만 지나간 일, 지나갈 일에 연연하지 말고, 지금 이 순간 살아 숨 쉬고 있다는 것에 감사하며 다가올 좋은 일에 미리 기뻐해 보십시오. 감사하십시오. 환하게 웃어보십시오. 기뻐할 때, 웃을 때, 감사할 때 기쁜 일, 웃을 일, 감사할 일이 생깁니다.

아름답고 미묘한 기적과 같은 삶, 그 어떤 창조주가 있어서 하늘에서 기적을 일으켜 주는 것이 아니라 바로 당신이 창조하는 것입니다. 당신이 기적을 일으키는 것입니다.

모든 것은
서로 연결되어 있다

　세상 사람들은 말합니다. 모든 종교는 같다고 합니다. 맞는 면도 있고 맞지 않은 면도 있습니다. 궁극의 선을 지향하고 사람들로 하여금 행복한 삶을 살아갈 수 있도록 이끌어 주는 것은 종교의 공통된 목적이요, 종교의 존재 이유입니다. 모든 종교의 같은 점은 이러한 점일 것입니다.
　그렇다면 다른 점은 무엇일까요? "불교와 여타 종교의 다른 점은 무엇인가?"라는 질문을 받는다면 저는 서슴없이 인연법, 연기법이라고 말해 줍니다.

　이 세상 대부분의 종교에서는 유일신이 세상 만물을 창조했다고 주장합니다. 세분화해서 보면 조금 다르지만, 유일신이 창조했든 물질이 창조했든 여러 신이 창조했든 큰 틀에서 보면 유신론이나 유물론이나 별반 다를 게 없습니다. 그런데 불교는 이 세상 만물이 홀로 독자적으로 존재하는 게 아니라 서로서로 인연에 의해서 비로소 이루어진 존재라고 합니다. 또한 머리와 발끝이 떨어져 있지만 한 몸이듯이 우주 만유가 서로 연결된 존재임을 강조합니다.

이 세상 모든 존재가 서로 연결되어 있다는 것만 자각해도 이 세상이 훨씬 더 평화롭고 아름다워질 것입니다. 세상 사람들의 다툼과 반목과 갈등의 원인을 생각해 보면 모두가 연결되어 있다는 이치를 모르기 때문입니다. 그래서 나와 남을 가르고, 자신의 이익에만 집착해서 욕망을 추구하는 삶을 살아가기 때문입니다.

네가 있어 내가 있다는 것, 얼마나 감사한 일입니까? 우리는 서로에게 필요한 존재, 너에 대한 감사가 곧 나를 위한 길이었음을 알게 될 때 우리는 참 불자로 거듭나게 됩니다.

그저 감사하라

　무더위가 연일 기승을 부립니다. 그러다간 갑자기 열대우림지역의 스콜처럼 세찬 소낙비가 지나갑니다. 강우량 또한 건국 이후 최대량이라고 합니다. 지구온난화로 인해 우리나라도 아열대기후가 된 것 같습니다. 무더위로 인해 열악한 주택에 살고 있는 노약자 사망 소식도 들려오고 홍수 피해로 인한 이재민들의 아우성도 괴로움을 배가시킵니다.

　고통스러운 일이 닥칠 때마다 정말 힘드시겠지만 이중과세는 치르지 않았으면 좋겠습니다. 괴로운 일에 이중삼중 파묻히지 말라는 말입니다. 이미 일어난 일에 마음 아파하지 말고 그저 이 정도에 그친 것에 감사하며 최선을 다해 수습할 일입니다. 나무아미타불… 관세음보살… 지장보살… 염송하며 몸과 마음을 쉬면서 밝은 내일을 맞으십시오.

사랑도 너무 강하면 상처를 줄 수 있고, 자비도 너무 강하면 불편함을 줄 수 있는데 슬픔과 노여움으로 인한 상처는 오죽하겠습니까. 우리가 평소 부처님의 말씀을 배우고 수행하고 실천하는 것은 이렇듯 힘든 시련이 닥쳤을 때 인연법을 생각하고 괴로움에 빠지지 말고 그저 감사하며 행복할 수 있는 존재가 되고자 함입니다.

오직 감사하게 생각하며, 오직 기쁨으로 감당하며, 오직 사랑하십시오. 안심입명 소욕지족의 삶을 누리실 수 있을 것입니다.

바라보는 대로
세상이 만들어진다

바라보는 대로 세상이 만들어집니다. 그래서 가능하면 좋은 것을 많이 보고 느껴야 합니다. 파란 하늘, 부는 바람, 빗줄기, 푸른 숲, 신록, 흐드러지게 핀 꽃 등등 시간이 허락하는 대로 특히 자연의 푸른 초목을 많이 보면 볼수록 마음의 평안과 안식을 얻게 됩니다.

화분의 초록 이파리와 예쁜 꽃이라도 자주 보고 마음으로 느껴 보십시오. 이렇게 조금씩이라도 좋은 것을 바라보면 마음에 평안과 사랑, 감사와 자비가 충만한 나날이 될 것입니다. 간혹 불쾌한 마음이 일어났다가도 금세 유쾌해질 것입니다.

좋은 것을 보면 좋은 인생이 됩니다. 불행을 행복으로, 불쾌한 일을 유쾌한 일로 받아들이는 훈련이 곧 기도이며 수행입니다. 나라는 존재, 우리를 둘러싸고 있는 주변 환경도 고정된 실체가 없습니다. 우리의 마음가짐에 따라, 우리가 바라보는 대로 세상이 만들어집니다.

나라는 존재가 실체가 없으므로 슬픔과 아픔, 온갖 괴로움이 영원하지 않고 변한다는 것, 그렇게 바라본다면 바로 그 자리에 기쁨과 행운이 채워질 것입니다.

깊은 호흡

사람의 생명은 호흡 사이에 있습니다.

우리가 의식적으로 깊은 호흡을 할 때 불성(佛性), 부처님의 에너지가 깊이 들어옵니다. 깊은 호흡 속에 안심과 풍요와 창의력, 반짝이는 아이디어도 발현됩니다.

호흡을 거칠게 하고 헐떡이는 사람에게 행운의 여신은 찾아오지 않습니다. 깊고 깊은 호흡을 연습하는 것이야말로 우리 삶을 윤택하게 만드는 주춧돌을 놓는 것입니다. 매일 하루에 두 번 이상 약 20분 정도 깊은 호흡을 하는 연습을 하십시오. 깊은 호흡을 하는 것만으로도 명상의 효과를 누릴 수 있습니다.

숨을 들이쉴 때 아주 천천히 하나, 둘, 셋, 넷, 다섯… 수를 세면서 단전까지 깊이 들이마시고, 내쉴 때도 마찬가지로 수를 세면서 천천히 내쉬면 됩니다. 호흡을 잘하는 것만으로도 명상이 될 수 있습니다. 일명 호흡명상이지요.

이렇게 천천히 호흡하는 순간순간 의식을 보내면서 깊은 호흡을 하면 지혜가 열려서 부딪치는 일마다 술술 해결할 수 있습니다. 일상사뿐만 아니라 필요한 것들이 저절로 들어오고 만사 원만 성취할 것입니다. 호흡의 습관화가 부르는 놀라운 변화를 체험하시길, 멋진 미래를 열어가시길 기원드립니다.

내가 그 사람을
사랑한 것이 아니다

이 세상은 어떻게 이루어졌을까요?

유일신, 창조신을 믿는 종교에서는 유일신이 창조했다고 합니다. 그에 비해 불교에서는 인연소생(因緣所生), 모든 현상은 실체 없이 인(因)과 연(緣)의 작용, 원인과 조건에 의해 이 세상이 이루어졌다고 합니다. 물질세계는 물론이고 오욕칠정의 정신세계 또한 인연의 작용이라 할 수 있습니다.

어떤 사람을 사랑하고 있다는 것도 인연소생의 마음인 것입니다. 내가 그 사람을 사랑한 것이 아니라 사랑도 인연일 뿐임을 안다면 집착 없는 사랑이 될 것입니다. 몸도 정신도 감정도 기분도 느낌도 무상한 것입니다. 사랑도 증오도 그때그때 인연일 뿐입니다.

그럼에도 불구하고 집착 없는 사랑을 실천하기가 쉽지 않습니다. 손해를 보거나 다른 사람에게 욕을 먹으면 불쾌하다고 느낍니다. 불쾌에서 나아가 분노하기도 합니다. 자신이 원하는 것을 채워 주면 사랑이라고 말하고, 채워 주지 않으면 싫어하기 때문이라며 매몰차게 돌아서는 이들이 많습니다. 집착 없는 사랑은 그만큼 어렵습니다.

인연소생, 인과응보라 하면 과거 전생의 머나먼 옛날 일의 결과로 여기는 분들이 많습니다. 하지만 결코 그렇지 않습니다. 오늘은 어제의 미래이고, 어제는 오늘의 과거이듯 언제 어느 때나 인연, 인과를 만들어 갈 수 있고, 바로 지금 현재, 미래에 작용합니다.

그럼 어떻게 인연을 만들고, 인과를 만들어 가야 할까요? 선인선과 악인악과는 자연의 이치라 했습니다. 자신에게 잘못을 저지른 악연을 만났을 때 '눈에는 눈, 이에는 이' 식의 응징으로 대처하면 세세생생 악연의 고리를 끊을 수 없습니다. 악연을 만났을 때 더 자비롭게 대하십시오.
인과는 오고가는 것이니 지혜로운 사람은 원망하는 마음을 그치고, 용서하며, 악행을 저지른 사람 덕분에 한층 더 성숙해졌음을 감사할 때 악연은 선연이 됩니다.

자비, 용서, 감사는 놀라운 마력을 지녔습니다. 현대 과학적으로도 증명이 되고 있습니다. 사람이나 물질이나 자성이 따로 존재하지 않는 것, 빈 허공과 같아 감사하면 감사한 것들이 채워지고 불평하고 불화하면 불평과 불화가 채워집니다.

어떤 것을 채우시렵니까?
그 사람을 사랑한 것도 내가 아닌데 누구를 미워하겠습니까?

오직 감사할 뿐….

생각의 힘,
믿음의 힘

아침에 일어나서 세수를 하고 거울을 보면서 외모 단장에 앞서 마음 단장을 하고 하루를 힘차게 여셨으면 하는 바람에서 다섯 가지 항목을 만들었습니다. 시시때때로 염불하듯 마음에 새기면 더욱 큰 힘이 될 것입니다.

하나, 믿어라. 원하는 것은 반드시 얻게 된다.
둘, 지금 이 순간 나는 좋아지고 있다.
셋, 감사하면 감사한 일이 찾아온다.
넷, 허망한 것은 영원히 허망한 것이다.
다섯, 참된 진리는 영원한 생명력이 있으며,
기적과 같은 은혜 공덕을 만들어 준다.

복(福)은 어디에서 오는가?

세상 사람들은 누구나 복을 많이 받기를 원합니다. 좋은 부모를 만나면 부모 복이 많다 하고, 좋은 남편을 만나면 남편 복이 많다 하고, 좋은 아내를 만나면 처복이 많다 하고, 자식을 잘 두면 자식 복이 많다 하고, 돈이 많으면 재복이 많다 하고, 천수를 누리게 되면 수복이 많다고 합니다.

그런데 복은 어디에서 올까요?
운이 좋아서 복을 받는 것일까요?

다 자기가 지은 대로 받는 것입니다. 그 어떤 복도 거저 오는 건 없습니다. 전생이든 현생이든 복업(福業)을 지어야 복을 받을 수 있는 것입니다. 우연히 복이 생기지는 않습니다.

부처님께서는 "심지 않고 거두려 하지 마라. 행하지 않고 이루려 하지 마라. 스스로 노력하라. 그대의 운명은 그대 스스로 짓고 스스로 받는다. 복을 받으려거든 복 받을 일을 하고, 복을 짓고, 복의 씨앗을 심으라"고 하셨습니다.

복을 받고 싶으면 먼저 복을 짓는 게 이치인데, 살펴보면 복을 깎아 먹는 사람들이 많습니다. 일은 적게 하고 보수를 많이 받으려고 하고, 정성은 적게 들이면서 칭송은 많이 들으려고 하고, 남이 열심히 땀 흘려 이루어 놓은 것을 쉽게 얻으려 하고, 남이 이루어 놓은 것을 헐뜯고 무너뜨리려 하고, 남의 것을 취해서라도 욕망대로 낭비하는 행위를 하는 것 등등 예를 들자면 셀 수 없이 많습니다.

경전에서는 복을 짓고 가꾸는 복전(福田)으로서 첫째 불법승(佛法僧) 삼보(三寶)를 공경하고, 둘째 삼업(三業)을 잘 다스리고, 셋째 부모를 공경하고, 넷째 병자를 보살펴 주고, 다섯째 불우한 이웃을 부처님 섬기듯 하라고 했습니다.

복밭에 어떤 씨앗을 심어야 하는가에 대한 힌트를 얻으셨나요? 세상이 야박해졌고, 열심히 일하는 사람, 착한 사람이 바보가 되는 세상이라고 개탄하는 소리가 많습니다.

하지만 잠깐 그렇게 보일 뿐 매사 정성을 다하고 열심히 최선을 다해 살아가는 선량한 사람들은 시간의 더딤과 빠름이 있을지언정 반드시 복을 받을 것입니다. 진정한 복은 복을 짓는 일입니다. 복 많이 짓고 복 많이 받으시길, 오래오래 복락을 누리시길 발원합니다.

염불도 연습해야 하고
행복도 연습해야 한다

　염불(念佛) 기도는 글자 그대로 부처님을 생각하고 찬탄하면서 부처님의 가르침을 배우고 실천해서 부처님과 같은 힘, 불성(佛性)의 힘을 생활 속에 활용하는 것을 말합니다.
　"나무아미타불" 하고 소리 내어 외우며 부처님의 영원하고 밝은 은혜 공덕의 빛인 광명 속에 살아가는 것을 생각하여 지금 즉시 성취를 누리시게 되는 것이 염불 기도입니다.

　계속해서 반복 수행을 통해 불보살님의 가피지묘력을 받는 수행 중 염불 기도가 으뜸이라 해도 과언이 아닙니다. 염불하며 행복을 원하는 사람에게 행복이 오고, 풍요를 간절히 원하는 사람에게 풍요가 옵니다. 그런데 불행과 고뇌, 실패 의식에 빠져 자신의 삶에 대한 신뢰가 적고 희망을 갖지 않는 사람들이 많습니다. 한숨을 많이 쉬는 사람은 한숨 쉴 일을 부릅니다. 걱정과 근심을 습관화시키면 안 된다는 말입니다. 불평불만과 걱정 근심은 불행을 연습하는 것입니다. 지독한 불행을 연습하면 불행 상태에 머물게 되어 점차 벗어나기 힘들어집니다.

그러므로 지금 나는 행복한 사람이라고 생각하고 말하고 행동해야 합니다. 번영도 풍요도 사랑도 이와 같습니다. 염불도 연습해야 하고 행복도 연습해야 합니다. 염불 기도 연습을 꾸준히 하면 날마다 좋은 일로 삶이 풍성해지고 행복이 찾아들게 됩니다.

너무 이기려 하지 말라

　세상이 내 맘대로 살아지는 건 아닙니다. 하고 싶은 것도 참아야 하고, 절제하며 살아가지 않으면 삶이 엉망이 될 수도 있습니다. 오죽하면 이 세상을 참고 견디는 세계라는 뜻을 가진 사바세계라고 하겠습니까. 나이가 든다고 철이 드는 것은 아니지만, 이 나이 먹고 보니 자신의 욕망을 추스르지 못하는 사람들의 경우 대부분 불행해지는 것 같습니다.

　인간의 다섯 가지 근본 욕망을 꼽으면 재욕(財欲), 색욕(色慾), 식욕(食慾), 수면욕(睡眠欲), 명예욕(名譽欲)입니다. 이 오욕을 잘 다스리지 못해 패가망신한 사람들이 아주 많습니다. 욕망의 화신이 된 사람들은 자신의 삶을 망가뜨릴 뿐만 아니라 가족 친지도 불행에 빠뜨립니다. 자신의 욕망을 주체

하지 못해 주위 사람들에게까지 강요하고, 병적으로 집착하는 경우도 있지요.

특히 승부욕이 강해서 언제 어느 때나 투사견처럼 으르렁대는 사람을 보면 안타까운 마음이 절로 듭니다. 남을 이기고, 이 세상을 이기기 위해 안간힘을 쓰는 모습이 애처롭습니다. 마음의 평정을 찾고 최선을 다해 살아가는 것과 욕망으로 뒤범벅이 되어 투쟁하듯 살아가는 것은 삶의 질이 다릅니다. 대상을 설정해 놓고 이기려는 마음, 싸움의 시간이 길면 길수록 인생이 각박해집니다. 자신의 인생을 싸움으로 채우는 꼭두각시에 불과한 삶을 살아가는 것입니다.

남을 이기고 이 세상을 이기려고 하는 것은 그 내면을 들여다보면 이미 패한 것이나 다름없습니다. 지금 주어진 삶을 충분히 경험하고, 사랑하고, 감사하고, 가진 것에 지족하면 오히려 풍요가 찾아옵니다. 가진 게 적어도 넉넉한 소욕지족의 삶을 누릴 수 있습니다.

다투는 마음, 이기려는 마음보다 더 소중한 것은 집착하는 마음, 욕망을 놓아 버리면서 얻게 되는 해탈 행복의 알아차림입니다. 해탈 행복이야말로 내 안에 본래 깃들어 있는 불성을 구현하는 것입니다.

마음은 밝게 끝없이 쓰고, 말은 가려서 쓰자

　마음은 형태가 없습니다. 마음은 그릴 수 없으나 살아가는 매 순간마다 우리 육체와 더불어 공생합니다. 부득이 우리를 마음과 육체로 나눈다면 마음은 우리 육체를 조종하는 주인공이라 할 수 있습니다.

　마음이 안정을 취하고 평온하면 끝없는 행복을 느낍니다. 반면 마음이 평정을 잃어버리면 짐승보다 못한 분노와 폭력을 행사하기도 합니다. 마음이 행복과 불행을 좌우한다 해도 과언이 아닙니다. 염불을 하고, 사경을 하고, 참선 수행을 하고 기도를 하는 것이 다 마음을 다스리기 위한 것입니다.

　평소 마음의 평정을 잃어버렸다고 느끼는 순간 바로 아미타불, 지장보살, 관세음보살 등 불보살의 명호를 염하면

간절히 염하는 만큼 분노, 슬픔, 아픔도 사그라지고 온갖 장애가 누그러질 것입니다.

살다보면 언제 어디서 느닷없는 복병을 만날지도 모릅니다. 어둡고 나쁜 일을 겪을 때, 괴롭고 견디기 어려운 일에 맞닥뜨렸을 때 휘둘리기 마련입니다. 간혹 나락에 떨어지는 고통 속에서 삶을 포기하는 분들도 있습니다. '얼마나 힘들면, 얼마나 아팠으면…' 하는 안타까움과 아울러 '그 모든 고통스러운 상황도 영원하지 않고 바람처럼 지나가는 삶의 한 과정임을 바르게 직시했다면 그런 잘못된 선택을 하지는 않았을 텐데…' 하는 애잔함이 듭니다. 수행자로서 설법과 유튜브, 글을 통해 부처님 가르침을 전하는 것도 삶을 바로 보고 마음을 잘 다독였으면 하는 바람에서입니다.

산다는 것 자체가 어려움의 연속입니다. 평소 어려움을 정면으로 바라보는 훈련을 해야 합니다. 그리고 마음을 절제하고, 어떤 역경에도 흔들리지 않게 마음공부를 해야 합니다. 이제 마음공부는 선택이 아닌 필수입니다.

마음공부를 어렵게 생각하는 분들이 많은데, 순간순간 어떻게 마음을 쓰는지 관찰하는 데서 출발하면 됩니다. 먼저 마음을 밝게 끝없이 쓰십시오. 사랑하는 마음, 행복한 마음, 즐거운 마음을 아끼지 마세요. 마음에 한계를 정해 놓지 말고 끝없이 쓰십시오. 좋은 마음을 잘 쓰면 쓸수록 더 크게 나옵니다. 넉넉하고 풍요롭고 행복한 마음을 끝없이 쓸 때 물질도 풍부해져 부자가 되는 것입니다. 내 마음이 행운을 여는 열쇠요, 그와 동시에 불운을 여는 열쇠임을 잊지 마십시오.

삶에서 마음을 잘 쓰는 것만큼 중요한 것이 좋은 말을 하는 것입니다. 말은 가려서 써야 합니다. 부정적인 말은 자기 자신은 물론이고 다른 사람에게 절대 해서는 안 됩니다. 부정적인 말은 입 밖에 내뱉는 순간 상대방뿐만 아니라 자신에게 나쁜 영향을 미칩니다. 감사의 말, 사랑의 말, 칭찬의 말을 하세요. 감사하면 감사한 일이 오고 사랑하면 사랑이 찾아듭니다.

마음과 말은 우주의 무한한 공급을 받아들이는 통로입니다. 마음을 어둡게 하는 것, 말을 잘못 하는 것은 무한한 공급의 통로를 막는 일입니다. '마음은 밝게 끝없이 쓰고, 말은 가려서 쓰자'는 것을 염불처럼 외우고 우주 에너지의 무한 공급을 받아 행복하게 살아가시길 소망합니다.

신행(信行)하는 사람

제아무리 세찬 동장군도 봄이 오면 물러갑니다. 살아 있기에 추위도 아픔도 느낄 수 있는 것입니다. 어려움, 고난이 닥치면 두려워하지 말고, 피하지 말고, 오직 부처님의 지혜 공덕으로, 기도 수행으로 극복하십시오. 불자들의 기적 같은 영험담은 지어낸 이야기가 아닙니다. 실화입니다. 당신도 기적의 주인공이 될 수 있습니다.

신행하는 사람은 스스로 지극 정성 기도를 통해 무한 광명의 해결책을 찾아서 활용할 수 있습니다. 걱정 근심, 슬픔, 아픔, 노여움, 괴로움, 빈곤, 인색, 불행 등등은 신행하는 사람에게 어울리지 않습니다. 기도 수행은 온 우주에 충만한 무한 광명, 불보살의 빛의 에너지를 받아 쓰는 길입니다. 하지만 아무리 불보살님께서 가피를 내려 주셔도 받아들여서 쓰지 않으면 무용지물입니다. 춥다는 생각, 힘들다는 생각에서 나와서 조금만 더 기도하고 조금만 더 감사하며 신행 생활을 한다면 당신의 인생에도 봄이 찾아들 것입니다.

나는 이대로
완전한 불성(佛性) 생명

    사람들은 누구나 타인에게 인정받기를 갈망합니다. 인정받고 신뢰를 받으면 기뻐하고 행복해합니다. 부모에게, 친구에게, 더 많은 사람들에게 인정받기 위해 더 열심히 노력해서, 그야말로 뼈를 깎는 고통 끝에 겉으로 보기에 성공적인 인생을 일구어가는 사람도 있습니다. 그런데 다른 사람의 눈을 너무나도 많이 의식한 나머지 삶에 과부하가 걸릴 정도로 앞으로만, 위로만 내달리다가 몸과 마음의 병을 짊어지고 살아가는 사람들을 보면 매우 안타깝습니다.

    이 세상에 다른 사람들에게 완벽하게 인정받은 사람은 단 한 명도 없습니다. 훌륭한 위인, 인류 역사상 3대 성인으로 불리는 부처님, 공자님, 예수님도 모든 사람의 지지와 인정을 받은 것은 아닙니다.

다른 사람의 인정이 아닌 스스로 자기 자신을 인정하고 신뢰하는 것이야말로 진정한 행복의 주춧돌입니다. '나는 이대로 완전한 불성 생명'이라는 것을 믿고 가슴에 새기십시오. 스스로 돌아봐도 겉으로는 조금 부족하고 불완전한 모습이 있겠지만, 실로는 부처님의 성품이 깃든 성스러운 존재임을 믿으십시오. 이렇듯 자신 자신에 대한 근본을 인정하면 있는 그대로 행복한 나를 확인하게 될 것입니다.

지금 인정합시다.
지금 신뢰합시다.
지금 사랑합시다.
지금 존경합시다.
지금 감사합시다.

'나는 이대로 완전한 불성 생명', 바꾸어 생각하면 '저분도 그대로 완전한 불성 생명'입니다. 자신에게 깃든 불성을 믿고 인정하고, 다른 사람에게 깃든 불성도 믿고 인정해 주고, 존중할 때 세상은 그대로 불국토가 될 것입니다.

부처님과 늑대 소년

　불자들은 만나면 서로 합장하고 "성불하십시오"라고 인사합니다. 성불(成佛), 우리는 이미 부처가 될 성품을 갖고 있는 존재이기에 근본적으로는 맞지 않지만, 한편으로는 미완의 부처이기 때문에 맞는 말이기도 합니다.

　늑대 소년에서도 알 수 있듯 사람으로 태어났어도 늑대 우리에서 자라면 늑대처럼 행동하게 됩니다. 사람으로 태어나서 부모와 친지, 이웃, 사회의 돌봄 속에 아기가 성장하듯이 우리 자신이 불성 존재라는 것을 인식하고 부처님처럼 살아갈 때 부처가 되는 것입니다.

　그래서 10분 부처님 행을 하면 10분 부처라고 했습니다. 10분을 한 시간, 하루, 365일, 한평생으로 지속시키면 완전한 성불이지요.

이럴 때 부처님은 어떻게 생각하셨을까?
부처님은 어떻게 실천하셨을까?

부처님의 가르침대로 수행하며 자비를 실천하면서 부처님을 닮아가는 것이야말로 참 불자의 삶입니다. 불자들의 수행과 기도는 자기 자신 안에 본래 깃든 불성을 지금 현실 위에 부처님의 행으로 드러내는 것입니다.

부처와 중생은 둘이 아닙니다. 부처의 행을 하면 부처이고 중생의 행을 하면 중생입니다. 스스로 부처가 될 존재임을 믿고 부처님처럼 살아가는 불자들이 늘어난다면 밥값을 한 것 같아 뿌듯할 것 같습니다.

굴레

　가족의 굴레, 직업의 굴레, 빚의 굴레, 평판의 굴레, 법적 굴레, 연민의 굴레, 사랑의 굴레, 인간의 굴레 등등 세상에는 아주 다양한 굴레가 있습니다. 동물을 통제하기 위해 사용한 굴레는 이젠 행동이나 생각의 자유를 얽어매는 일로 쓰이고 있습니다. 왜 세상에는 이렇게 많은 각양각색의 굴레가 있을까요?

　온갖 굴레를 가만히 살펴보세요. 사회, 혹은 다른 사람이 만들어 놓은 굴레도 있을 수 있겠지만, 대부분 자신이 만들어 놓은 굴레, 자신이 느끼는 굴레입니다.

　가족이 굴레처럼 느껴지는 분들이 생각보다 많습니다.

"자식 때문에, 부모 때문에, 남편 때문에, 부인 때문에, 친지 때문에 그들이 굴레가 되어 ~~~를 못했다. 이젠 굴레에서 벗어나 훨훨 자유롭게 살고 싶다"며 한탄하는 분들의 말을 듣다 보면 가슴이 답답해집니다.

그런 분들에게 자신의 욕망과 불만족, 집착으로 굴레를 만들어서 자신은 물론이고 가족 친지, 주위사람들에게도 씌우고 있는 것은 아닌지 단도직입적으로 말씀드리고 싶습니다.

하지만 차마 매정하게 그리 말할 수는 없고, "자유롭게 살아가는 연습을 하세요. 자식, 남편, 부모, 친구에게 어떤 욕심, 어떤 바람도 갖지 말고, '너나 나나 이대로도 괜찮다. 너도 나도 자유인이다'라는 마음을 보내 주세요."라고 말해 주고 있습니다.

이것이 있기에 저것이 있습니다. 굴레가 혼자 만들어진 게 아닙니다. 함께 만들어서 함께 짊어지고 가는 것입니다. 그렇게 만든 굴레를 불편해 하고 불행해 하고 괴로워하면 점점 더 부정적인 마음을 키우게 됩니다. 서로에게 더욱 좋지 않게 작용해서 그것들이 운명처럼, 변화시킬 수 없는 숙명처럼 만들기도 합니다.

굴레에서 벗어나겠다는 생각을 잠시 놓아 보세요. 정말 힘든 굴레, 좋지 않은 업보로까지 다가오는 게 있다면 그냥 바라보세요. 아무것도 보이지 않을 겁니다. 업보 역시 실체가 없는 생각의 굴레입니다.

모든 것이 생각의 굴레일 뿐 영원한 굴레는 없다는 것, 굴레에서 벗어나려 애쓰기보다는 굴레가 본래 없다는 것을 인식하는 것이 더 유익합니다.

다만 「보왕삼매론」의 "세상살이에 곤란 없기를 바라지 말라. 세상살이에 곤란이 없으면 교만과 자랑하는 마음이 일어나며 반드시 모두를 속이고 억압하게 되느니라."라는 말처럼 허공과 같이 텅 빈 굴레 덕분에 하루하루 마음공부를 하고 성숙해지는 삶에 대한 감사를 잊지 않는다면 정말 멋진 인생이겠지요.

2장.

행복 언어

자기 예배

지금 자신을 존중하라.
지금 자신을 사랑하라.
지금 자신을 믿으라.
이 일을 수행함에
타인에게도 이와 같이 베풀어라.

내 생명의 영원함이여

나의 본산(本山)은
영원불멸의 생명이신
아미타(阿彌陀) 부처님이십니다.

내가 태어나기 전에도
나는 존재했었고
지금도 살아 있는 존재이며,
나의 육체가 소멸한 다음에도
나는 존재해 있을 것입니다.

이 사실을 확인하고 이해하고 느끼시는
존재님들이시여!

편안하소서.
자비로워지소서.
행복하소서.
그리고 번영하소서.

아름다운 부처님

한 생을 공양(供養)드리며
발원(發願)하는 사람의 소원을
당신께서 이루어 주소서.

거울 같은 생의 문 앞에서
자신이 보여 주는 만큼은
반드시 가져가게 하시는 부처님!

당신의 뜻이 저로 하여금
성취되게 하옵소서.

한 송이 꽃으로 만나고 싶다

꽃이 아니어도
보고 싶다는
마음을 전하고
싶습니다.

명상(冥想) 언어

모든 것이 당연한 것,
지금 좋아지고 있다.
나는 근원으로부터 완벽하고 원만하다.
감사는 모든 것을 치유하고 좋아지게 한다.
믿음은 삶을 윤택하게 한다.
믿는 대로 얻게 된다.
기도 수행은 자신을 발전하게 하다.
발원 수행은 행복과 번영을 가져다 준다.
지금에 충실하라!
자신이 가치 있는 사람인 것을 확인하라.

나는 나를 만든다

이 세상의 가장 큰 믿음은
감사하는 마음입니다.
이 세상에서 가장 큰 은혜는
부모님의 은혜입니다.
이 세상에서 가장 큰 사랑은
당신을 위해 무엇을 하고 있는지를
이해하고 실천하는 것입니다.

최고의 명약

이 세상에 질병을 치료하는 최고의 명약이 있으니 그것은 바로 웃는[笑花] 것입니다.
이 세상에 운명을 좋게 하는 최고의 방법이 있으니 그것은 바로 감사(感謝)하는 것입니다.
이 세상에 가난에서 벗어나는 최고의 길이 있으니 그것은 바로 보시(布施)행을 실천하는 것입니다.

자기 생각이란

자신의 생각이
정말로 옳은 것인지
알 수 없을 때가 있다.

우리는 착각과 혼돈 속에서
무수히 많은 오류가
있었는지 자문해 보아야 한다.

내가 미워하는 대상이
나를 깨우치고 있는
불보살이 아닌지 살펴봐야 한다.

바른 생각의 잣대는
세존의 가르침이니
인생의 나침반으로 삼아야 한다.

마음 열린 생각이
자신에게 이르게 되면
자유를 얻고 행복하다.

미안하고 감사하다

밤하늘이
수없는 별들로
가득할 때

문득 마음이
부끄럽고
죄스럽다.

죄 없는 자는
남을 비판 말고
마음이 괴로운 자는
남을 힘들게
하지 말지니

밤하늘의 별이
시비분별하지 않을 때
별을 바라보는 자
해탈의 자유를 얻으리라.

감사(感謝)라는 영약(靈藥)

감사는 나 자신을 행복하게 하고
감사는 나 자신을 풍요롭게 합니다.
감사는 나를 번영케 하여
마침내 주위를 이익 되게 하고
모두를 편안케 합니다.

좋은 법당의 부처님

예경(禮敬)은 자신에게 행하는
찬사(讚辭)이며 찬양(讚揚)입니다.

예경은 자신에게 행하는
보답(報答)이며 보시(布施)입니다.

예경은 자신에게 행하는
진실한 사랑의 실천입니다.

행복

무엇이 나를 행복하게 하는가?
행복하다고 생각하는
사람이 행복합니다.

무엇이 나를 풍요롭게 하는가?
감사하다는 표현을 할 때
감사한 풍요는 내게 넘쳐 옵니다.

무엇이 나를 존귀하게 하는가?
아주 작은 친절(행위)이
나 자신을 존귀하게 만듭니다.

누구를 위한 인생인가

자기 자신을 돕고, 자신을 위한 일이
무엇인지를 자각하지 못하고 있을 때,
스스로를 돕는 힘을 잃어버리고
힘들게 살아가게 될 것입니다.

자신을 위한 일은 자신에게 주어진 일을
하나씩 실천에 옮기는 일이며
주어진 모든 것에 감사하는 일이며
남에게 고통을 주지 않아야 하는 것입니다.

누구를 위한 다툼이고 미움이며 원망인가요.

자신을 사랑하는 게 무엇이고
자신을 위한다는 게 무엇인가요.
불필요한 것으로 삶을 채운다면
힘들고 아픈 이유를 찾지 못합니다.

오늘 하루, 감사하는 마음으로
사랑하고 용서하고 예경합시다.

진리

모든 것은 이미 진리이다.
태어나는 것도 죽음을 맞이하는 것도
이미 진리 속의 삶의 양태이다.

불평과 불만 속에 살아가는 것은
자신의 마음과 태도가
불평불만으로 기울어졌기 때문이다.

진리는 나를 편안하게 하고
진리는 나를 행복하게 하고
진리는 나를 번영하게 하고 있다.

2천 6백 년 전 부처님은 이미 깨달았다.
진리 속에 나는 항상
편안, 행복, 번영 자체임을 안 것이다.

진리에서 삶은 안전하고
영원불멸의 생명체계이며 무한하며
나는 이미 진리 속에 있다.

마음에서 불평불만을 그치면
진리는 분명 나에게
모든 공덕(功德)을 나누어 줄 것이다.

믿음은 원동력

이 세상 그 어떤 것도
어려움이나 장애도
사람의 굳센 믿음 앞에
아무런 방해가 될 수 없다.

마음의 의지가 있다면
이 세상 그 어떤 것도
나를 나약하게 하지 못한다.

굳은 의지를 지닌다면
지금 일부터 앞날의 일도
믿는 마음으로 성취할 수 있다.

지금 일하고 공부하자.
지금 기뻐하고 사랑하자.
내가 지금 좋아지고 있다는 사실을
지금 자각하고 감사하자.

체험

온몸으로 느끼고 체험하자.
궁금한 게 있으면 자신의 발로 뛰고 알아보자.
맛을 보려면 자신의 입맛으로 맛을 봐야 한다.
왜 남의 입맛으로 맛을 결정하는가.
혀끝으로, 위(胃)와 장(腸)으로, 온몸으로 느끼고 체험하라.
불성(佛性)은 지금 살아 있다는 사실에 기인한다.
불성의 가피를 경험하지 못한 사람은
만족하지 못한 삶을 살게 될 것이다.

지금 잘 살펴보고 자신이
본래 원만 완전한 불성 생명임을
온몸으로 체험하라.
그곳에서 감사함과 번영을
행복한 체험을 바로 느끼고 체달(體達)할 것이다.
매 순간 나는 불성의 존재임을 체험하자.

참음이라는 보살님

참음은 곧 열반(涅槃)입니다.
분노와 싫다는 마음
그리고 번뇌의 쉼을 지나가면
상락아정(常樂我淨)의 열반은
당신의 것입니다.

해탈

분수에 맞지 않는 탐심(貪心)
불만족의 표현이 진심(嗔心)
불평불만의 원망심이 곧 치심(癡心)

탐진치 삼독(三毒)을 짊어지고 가는 인생
마음에서 삼독심을 놓아 버리면
삶에서 해탈(解脫) 행복이 열린다오.

나는 무엇으로 행복한가

작으면 작은 대로, 크면 큰 대로
행복은 모든 것에 가득하다.
자신이 불행하다고 느끼는 것은
무명(無明: 어둠) 속을 헤매고 있기 때문이다.
지금 주어진 그 어떤 것이라도
장애나 병고, 불운 속에 있어도
자신의 마음으로 잘 살펴보면
행복의 원인도 조건도 환경도
이미 갖추어져 있음을 알 수 있다.

아주 작은 행복이라도 감사하자.
조금 덜 만족스럽더라도
행복으로 끌어안는 게 수행이다.
마음을 내어 지금 실천하자.
나의 행복은 행복으로만 행복하다고
지금 생각하고, 행복하다고 말하자.
행복한 행동을 하고 지금 웃어라.
웃을 일이 없어도 크게 웃어라.
감사하구나, 고맙구나, 사랑스럽구나.

인식의 세계

당신을 만나고 있으니 행복합니다.
내가 세상을 만나고 있으니
이 세상을 감사하게 느낀다면
이 세상에는 감사한 일이 찾아들 것입니다.

삶은 누구에게나 알 수 없는 것이지만
지금 인식하는 세계가
내 생명의 전부일 수도 있으니
지금 이 현실을 사랑합니다.
나 자신 안에 깃든 불성(佛性)을
지금 만나고 있으니
우리 모두는 행복하고 향기롭습니다.

연민과 자비심으로
사람과 생명 사물에 대해 감사하고
사랑스러운 마음으로 대해 봅니다.

인생 I

어떤 인생이라고 결정하는 것은
오직 자기 자신뿐이니,
행복한 인생으로 살고 싶다면
행복한 수행을 실천해야 한다.

지금 여기에 행복한 나는
수많은 어려움을 이겨내며
실천으로 만들어 낸 결과이다.

지금 주어진 나의 인생은
나의 것이다.
스스로 만들어 가는 것이다.

인생 II

지금 살아 있는 게 사실인데,
우리는 때때로 죽은 의식처럼
살아 있는 것 자체에 공감하지 못하고 있다.

눈을 감고 깊은 우주를 느껴 보자.
가슴으로 생명을 마음껏 공유해 보자.

나는 지금 살아 있다.
나는 지금 감사한다.
나는 지금 사랑한다.

무엇이 힘들게 하고 있는가?
자신을 힘들게 하고 있는 것은
오직 마음뿐이다.

마음속 깊이 불성(佛性)의
대자대비(大慈大悲)하심을
알아차리고 이해하자.

모든 것은 연결되어 있어서
내 마음의 그림자를 밝음으로 비출 때
청정한 자신이 거기 있을 뿐
불행한 인생은 본래 없다.

주어진 모든 일들이 연결되어진
인생을 축복하자.
인생을 사랑하자.
그리고 감사하자.

마음으로 마음을 열다

마음은 무엇인가요?
마음은 어디에 있는가요?

마음이 불편한가요?
마음이 외로운가요?
마음이 흔들리고 있나요?

마음은 본래 평온하고 안락한 것입니다.
마음은 본래 행복과 풍요로 충만한 것입니다.
마음은 세상 모든 것을, 지금의 현실을 만듭니다.

마음의 정체를 알려고 하지 마세요.
자신의 마음에 감사와 기쁨
그리고 자비심으로 채워 보세요.

마음은 본래부터 자신에게 존재해 있으며
자기 자신이 행복을 끌어안으면
자신의 마음에는 행복만이 가득할 것입니다.

자신의 번영, 성취, 사랑, 행복도
오직 스스로 마음을 열고
자비심을 가득 채울 때 일어납니다.

이제 우리의 마음을 채워 봅시다.
한량없는 은혜 공덕으로···.

오늘 아침 자화상

오늘 아침에 이 세상을 다 얻는 듯
크게 한번 웃어 보네.

죽겠다고 한숨 토하며
금방 죽을 것 같은 아우성….
속절없는 중생의 살림살이는
혼절 속에 잠이 든다.

부처님은 어디 있는가?
불성(佛性)은 어디 있는가?
사랑은 어디 있는가?
자비는 어디 있는가?

지금 헤아려 생각하는 놈이
부처님이요, 불성이요,
중생이요, 각자(覺者), 신자(信者)라.

우리는 지금 무엇을 외쳐야 하는가?
그대는 무엇을 생각하고 있는가?
그대는 무엇을 말하고 있는가?
그대는 어떤 친절함을 지녔는가?

이도 아니고 저도 아닌 그대여,
부처님의 가르침에 기대어 감사하자.

관무량수(觀無量壽)

깊고 높고 심오한 눈으로
이 세상을 사랑하자.
할 수 없는 일을 능히 행할 때
참 성취의 기쁨을 맛보리라.

아픈 가슴이 없는 사람은 없다.
내 가슴 아픈 상처도
너의 가슴에 아픈 상처도
마음으로 관(觀)하여 보면
편안한 광명의 세계를 볼 수 있으니

삶의 두려움이 자기를 지배할 때
오직 나무아미타불을 마음껏 불러서
온갖 망상의 어둠을 날려 보내리.

지금 나를 지배하는 힘을 사용하여
나의 온 생명을 행복으로 찬양하자.
나의 온 생명을 번영으로 찬양하자.
나의 온 생명을 건강함으로 찬양하자.

무엇을 두려워하고
무서워하겠는가.

있는 그대로 감사하자.
있는 그대로 사랑하자.
있는 그대로 만족하자.

한량없는 눈과 마음 그리고 지혜로
니 자신을 채워 가자.
나는 바라보는 만큼 무궁(無窮)하다.

부처와 나

부처[佛性]와 나는
같은 모습과 성품으로 가득하다.

본래 불성의 유전 구조를
공유하고 있는 나는,
모든 것에서 자유롭고
모든 면에서 행복하고
모든 현실에서 번영하고 안정된 삶으로
충만해지는 것을 본성으로 하고 있다.

나와 이 세계 그리고 부처님이
나의 본성이다.

이 세상에서 가장 큰 바보

불평하는 사람

원망하는 사람

시비와 분별을 좋아하는 사람

집착하여 괴로움을 안고 살아가는 사람

감사할 줄 모르는 사람

은혜를 모르는 사람

자신의 생명력과 무한능력을 모르느 사람

자신에게 본래부터 깃들어 있는

무량한 행복, 웃음, 즐거움

그리고 풍요로운 만족의 존재성을

자각하지 못하는 사람이

이 세상에서 가장 큰 바보입니다.

자신의 전부를 사용하자

자신의 전부를 사용하여
부와 건강 그리고 행복한 인생을
만들어 가야 합니다.

자신에게 주어진 육체와 정신, 그리고 영혼까지
전부를 지금 사용하여
자신이 원하는 삶을
풍요롭게 만들어 갈 수 있습니다.

자신의 의식(意識)이
지금 편안함을 보다 많이 확대하고
지금의 행복감을 보다 많이 길게 하여

참된 앎의 기쁨을 온몸으로 느끼고
살아 있음에 대한 자각
자신의 위대한 존재성에 대해
깨달음이 아주 작은 것이라도
찬탄하고 기뻐함으로써
자신에게 일어나는 기쁨과 행복을 만끽하며
지금을 살아야 할 것입니다.

자신이 가진 모든 것을 가지고
지금의 삶을 사랑하고 감사해 보세요.
지금의 기도가 우주천지 삼라만상에 전해져서
감사한 일들로 채워져 가는 것
이것이 전부를 지닌 사람의 삶이며
모든 것을 성취해 가는 불자입니다.

감사할수록 감사한 일이 돌아오고
불평하고 원망하면 할수록
나쁜 인생이 되어 오는 것이
인과(因果)의 법칙(法則)인 것입니다.

나를 지배하고

인생을 지배하고
삶을 만들어 내는 것은
자신의 전부를 표현한 언어는
마음이라는 말일 것이니

자신을 만족하게 하는 것을
지혜롭게 실천하고
자신의 만족이 다른 이에게
고통을 주는 모든 생각, 언어, 행위에는
윤회의 순환성과 인과의 법칙성이
이 사바세계에 공전하므로
불자들은 깊이 살펴야 할 것입니다.

처음 마음으로 가득하리

초심-처음 마음으로 살아가자.
열심-계속해서 실천해서 원하는 일 이루어 내자.
신심-믿는 마음으로 성취하자.

비움-하심(下心)해서 지친 신심(身心)을 비우자.
나눔-작은 일이라도 무주상(無住相) 봉사하자.
채움-감사함으로 가득 채워서 만복을 채우리.

나는 지금 여기에서 좋아지고 있다

지금 이 순간, 나는
부처님의 가르침을 말하면
부처님이 되고
부처님의 본성을 생각하면
이미 부처이다.
부처님의 가르침을 실천하면
부처님의 행위가 된다.

이렇게 매일 조금씩
배우고 실천해서, 나는
부처님의 생명으로 가득하다.

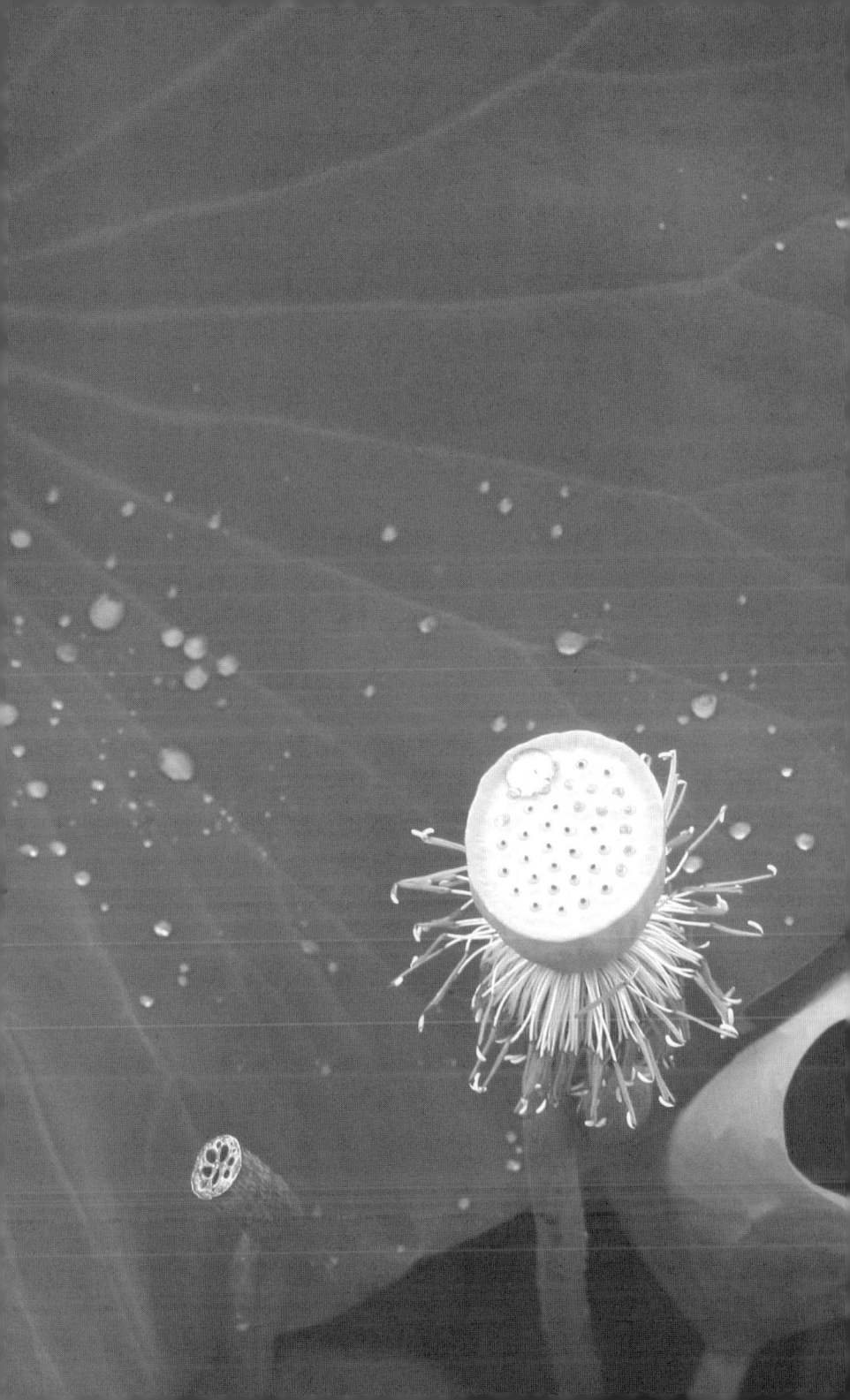

새로운 날, 새롭게 사용하자

매일 매시간 매 순간마다
나는 새로워지고
모든 것이 새롭게
태어나고 있습니다.

이 순간이 지나가면
두 번 다시 보지 못할 인연으로
관념 속에 남아
그림자로만 존재해 있을지도 모릅니다.

지금을 감사하고
지금을 사랑하세요.

지금 이 순간 깨어 있어야
내가 있고, 우주가 있고,
삼라만상(森羅萬象)이 존재하고,
나의 세포 하나하나
사랑 있는 생명이
호흡할 수 있습니다.

매일 매시간 매 순간을
사랑으로 채워 봅시다.
자비로운 나로 만들어
낮은 자세로
비우는 자세로
나눔의 자세로
이 세상을 살아 봅시다.

활짝 웃는 것은 행복의 빛이다

내가 웃으면 내 주위의 모든 생명은
행복의 빛으로 가득하다.
웃는 사람에게는 그 자신이 건강하게 될 뿐만 아니라
주위에 행복과 건강을 퍼뜨려서 빛이 싹트게 한다.

지금 밝은 쾌활함과 친절한 웃음이
가족과 가정을 따듯하고 편안하게 만들어 준다.

지금 웃음으로 생활한다면, 주변 사람을
행복하고 편안한 세계로 인도해 가는
강력한 불성(佛性)의 힘이 발휘된다.
지금의 얼굴이 자신의 마음의 거울이니

밝은 표정은 자신에게 복과 지혜가 된다.
힘들고 슬플 때 크게 웃어서
불행을 내게서 날려 버리자.

웃으면 웃는 일들이 찾아오고
슬퍼하면 슬픈 일들이 찾아온다.
감사하면 감사한 일들이 찾아오고,
불평하면 불행한 일들이 찾아온다.

긍정이나 부정이나 다 내 것이다

좋은 일들만 일어나기를 바라지 말라.
좋음과 나쁨은 매 순간 교차되는 것이니,
좋은 것, 나쁜 것 그 모두를 수용하되
불성(佛性)이 행하는 중립의 길을 따라가자.

세상에서 가장 중요한 것

이 세상에서 가장 중요한 사람은
지금 만나고 있는 사람이다.

이 세상에서 가장 중요한 시간은
지금 이 시간이다.

이 세상에서 가장 중요한 곳은
지금 일하고 있는 이 공간이다.

이 세상에서 가장 아름다운 것은
지금 내가 살아 있다는 자각이다.

이 세상에서 가장 큰 부자는
지금 마음에 만족할 줄 아는 것이다.

때때로 마음을 쉬어가자

분노가 마음에 차오를 때
굴욕스럽고 힘들 때도
그 마음을 쉬어 가자.

탐욕도 원망도 괴로움도
그 마음에서 잠시 쉬어 가자.

마음을 한순간 낮추면 인욕의 공덕으로
한없는 가피지묘력(加被之妙力)을 얻으리니
아픔이 생기고 마음이 무거울 때
그 마음을 쉬어 보자.

그저 감사할 줄 아는 마음으로
당신의 입장에 서 보자.

사랑도 집착하면 고통을 불러오니
사랑한다는 마음을 잠시 쉬어 보자.
그 마음을 잠시 쉬고, 감사로 채워 보자.

지금을 극락처럼 살고 싶은가

지옥에 가고 싶은가요?
그렇다면 지금처럼 구업을 지으며
악한 생각을 많이 하고
불평불만과 원망으로 살아가고 있으면
자신도 모르게
지옥 같은 현실에서 살아가게 되어요.
극락세계가 따로 있는 것이 아니라
우리 자신의 마음이, 현실이 바로 극락세계입니다.

풍요롭게 살아가고 행복하게 살아가고 싶은가요?
그렇다면 감사하게 생각하고, 말하고, 행동하며 살면서
염불을 해야 합니다. 나무아미타불.
끊임없이 연속해서 나무아미타불.
염불하면 됩니다.

참회

오랫동안 살아오면서
성질내고 불평했던 모든 일
지금 참회(懺悔)합니다.

아무리 죄업(罪業)이 많아도
진실로 참회하고 되풀이하지 않으면
참회는 이루어져서 좋은 인생이 될 것입니다.

수행자라도 참회할 일이 있는데
뭇 사람이야 참회할 일 없겠습니까.
잘못된 일과 생각까지도
그것이 반성하고 참회할 일이라면

누구라도 참회해야 할 것입니다.

참회하는 사람은 그 영(靈)이 미묘하여
불성(佛性) 부처님의 가피지묘력(加被之妙力)을 얻어
이승(현실)에서 큰 복력(福力)을 이루실 것입니다.

오늘은 참회하고 싶은 날
진심으로 참회하오니
나와 인연 맺은 모든 생명들이시여,
저를 용서해 주시니 감사합니다.

자신을 진정 사랑한다면

자신이나 자신의 입장에선
못할 일이 없는 것이
사람의 의식이다.

자신을 진정 사랑한다면
자신에게 감사하고
타인에게도 감사하자.

자신이 입장만이 입장이 아니라
타인의 입장을 조금이라도 생각해 주는 것이
자신을 사랑하는 일이며
자신의 미묘향이 될 것이니

타인을 번영하게 하는 것이
자신을 번영하게 하는 것이니
오직 모든 것에 감사할 뿐….

자신을 살펴볼 줄 아는 사람은
해탈을 얻는다

사람한테는 수준이라는 것이 있습니다.
사람만이 아니라 모든 것에 수준이 있습니다.
살아 있는 모든 생명체와 모든 사물에는
수준에 맞는 쓰임이 있기에 그만큼의 가치가 있는 것입니다.

보다 높은 생명체로 거듭 진화하기 위해서는
지금을 가치 있게 살아야 하며
지금을 행복하게 살아야 합니다.

그렇게 하기 위해서는
자기 자신을 보아야 합니다.
내가 무엇을 하고 있는지를 깨달아야 하며,

내가 무엇을 하고 있는지를 알아가는 과정을
자기 자신이 알아야만 합니다.

사람에게 반성과 참회가 없다면
사람으로서의 수준이 매우 낮은 것이므로
이 사람은 생활에서 끝없는 고통과 불행의 연속일 것이며
올바른 성공에 이르지 못할 확률이 높을 것입니다.

저 역시 매일 기도하고 참회함으로써
자신을 되돌아보는 시간을 만들고 반성하고
먼저 용서하고, 자비롭게 자기 자신의 수준으로
회복해 가기 위해 노력하고 있습니다.

자신이 먼저 참회하지 않는다면
다른 사람도 용서하지 못하며,
결국 자기 자신을 용서 받을 수 없게 되어
용서 받을 수 없는 낮은 수준의 인생을 살게 되며,
늘 불안정하고 재정의 결핍으로 인한
고통이 따르고 불행해질 수 있습니다.

우리는 지금 무엇을 하고 있는지 살펴봅시다.

우리는 무엇을 위해 살아가고 있는지 살펴봅시다.
우리는 정말 자신을 위한 일을 하고 있는지 살펴봅시다.

산천초목도 모두가 쓰이는 데가 있어
필요에 따라 사용처가 있듯이
사람에게도 반드시 필요한 일이 있어
이 세상에 온 것이어서
필요한 일을 하고 살아야만 할 것입니다.

우리 모두가 각자 자기 필요에 따라
수준을 높이는 사람으로 살아갑시다.
오직 감사함으로 수준을 높입시다.

먼저 감사합시다.
먼저 미안하다고 말합시다.
먼저 용서합시다.
먼저 사랑합시다.
먼저 자비를 베풀어 드립시다.

생각의 수준을 높이고
말의 수준을 높이고

행동의 수준을 친절하게 높입시다.
이렇게 매일 수행하시면
마음이 밝아지고 편안해져서
행복한 일들이 찾아들고
하고자 하는 일들도 저절로 좋아져 올 것입니다.

흐르는 물처럼 살아가자

삶이라는 거대한 흐름에서
고통스러운 마음들을 내려놓고
있는 그대로 흘러갑시다.

마음의 아픔도
가슴이 아파오는 목멤도
내게 깃들어 신음하고 있는 그 모두를
바람이 지나가듯
물이 흐르듯
그렇게 지나가게 두고

법계의 불성(佛性) 부처님께
온전히 자신을 내어 맡기고
그 흐름 속에
감사하며 자신을 깨우쳐 봅시다.

집착에서 자유로워지기

집착을 버리라고 하지만
벗어나려고 하면 할수록
집착에 의한 고통이
몰려오는 것을 알게 된다.

지금의 상태를
지금의 번민과 고통을
두려워하지 말고
있는 그대로 정면으로 바라보자.

물질적 결핍도
육체적 병고도

나 외에 부딪치는 인과(因果) 관계도
오직 자신의 마음이 만들어 내는
망상과 번민일 뿐이다.

조금만 더 밝아지자.
조금만 더 용기를 내자.
조금만 더 힘을 내자.

안 되고 있다는 착각과 오해 속에 있는
그 어리석은 집착에서 벗어나자.
집착은 있는 그대로 바라보면 홀연히 사라진다.

나의 내면에 모든 답이 들어 있다

나의 내면에 모든 답이 들어 있습니다.
사랑에도 생활에도
직장에도 인생에도
모든 해답은 마음에 있습니다.

자신의 내면을 들여다보면
무량수(無量壽) 무량광(無量光)의 아미타 부처님이
법신(法身)·보신(報身)·화신(化身)의 부처님이
존재해 있음을 알게 합니다.

이렇게 자신의 내부에 부처님이 계시고
우주 삼라만상의 모든 실체와 복덕과 지혜가

함께 있는 것입니다.

자신은 위대한 존재입니다.
자신은 아름다운 생명입니다.
자신은 사랑스런 사람입니다.
자신이 살아 있다는 느낌 하나로
곧 우주 자연과 하나입니다.

바깥으로 보이는 이 불편함은
하나의 착각이며, 집착일지도 모르며,
자기 자신의 부족함을
외부로 드러내는 것에 불과한 것입니다.

자신은 무엇이든
해 낼 수 있는 자신이 있는 것이니
하나씩 해결해 갈 수 있는 것입니다.

바깥으로 보는 눈을 자신에게 돌려
자신이 본래 부처이고,
복과 지혜가 가득한 생명임을 깨우치면
구원 해탈의 자유인이 될 것입니다.

집중과 집착

집중은 인생에서 가장 필요한 요소입니다.
집착은 아무런 필요 없는 요소입니다.

집중하면 행복해지고
집착하면 불행해집니다.

집착 없이 행할 때
우주 삼라만상은 풍요를 내어 줍니다.

욕심이 없을 때
우주 삼라만상은 행복을 가져다 줍니다.

이것이 집착에서 욕심에서

마음을 놓아야 하는 이유입니다.

사랑하는 것도 부자가 되는 것도 행복해지는 것도
집착을 놓는 일에서 시작되는 것이며,
애착과 욕망에서 마음을 쉬면
그때부터 원하는 일들이 성취되어 올 것입니다.

그러므로 감사합시다.
자신에게 신뢰의 감사를 드립시다.
나 자신은 불성(佛性)의 존재이니
지금 행복한 사람입니다.
'지금 감사합니다'라고 자신에게 진정 감사합시다.
이는 자신의 행복과 풍요를 얻게 해 줄 것입니다.

가족에게 감사합시다.
하는 일에 감사합시다.
지금 호흡하고 살아 있음에 감사합시다.

고맙고 감사한 마음이
곧 우주 삼라만상의 통로이며,
행복과 풍요의 통로입니다.

모든 것은 지나가고 있다

제행무상(諸行無常)이니
모든 것은 지나가고 있으며
삶은 끊임없이 변화하는 과정입니다.

변화하는 것을 그저 변화하도록 지나가게 하세요.
부도 명예도 사랑도 지나가는 것인데
하물며 가난, 병과 불행이 지나가지 않겠습니까?

가난을 마음에 두지 마시고
병과 불행에서 집착을 놓으세요.

좋은 것도 내게서 지나가는 것
어찌 나쁜 것이 머물러 있을까요.

지금을 느껴 보세요.
사랑을 느껴 보세요.
밝음을 느껴 보세요.

생명 본성의 진보

살다 보면
좋은 일도 생기고 나쁜 일도 생긴다.

힘든 일도 생기고
미워하는 이도 생길 수 있다.

이 일들을 피하려고 하지 말고
불성(佛性)의 힘으로 맞서야 한다.

불편과 어려움이 없는 인생은
참된 진리를 깨닫는 것과
생명의 본성에서의 진보가 늦어진다.

지금의 환경으로 내 삶의 힘을
바르게 사용할 수 있는 시험이 되니
지금 주어진 일을 즐거이 행하자.

다른 것은 매력이 있다

서로 다른 것은 축복입니다.
서로 다른 것은 행복입니다.

모든 것이 같다면
너무 재미없지 않겠습니까?

갈등이 있는 것은
매력이 있는 것입니다.

갈등이 없다면
다양한 세계를 볼 수 없을 것입니다.

갈등으로 오히려
자신의 참 모습을 얻을 수 있을 것입니다.
갈등은 화목을 안고 있으며
불안은 평안을 안고 있고
분노는 용기를 안고 있듯이

자신이 불편함을 사용하면
불편함이 더욱 가득해져서
미래세 앞날을 어둡게 할 뿐입니다.

자신이 편안함을 사용하면
편안함이 더욱 자신에게 가득해져서
앞날의 밝은 행복이 가득해질 것입니다.

지금을 근심하지 말고
지금에 감사하십시오.

기도 수행

정성스런 기도 수행은 아름답습니다.
시공을 넘어 행복하고
삼라만상을 넘어 풍족하게 합니다.

나의 기도 수행은
모든 것을 복원시켜 주고 있으며,
모든 것을 치유케 하며,
모든 것을 성취하게 합니다.

자기 자신이나 지금의 현실을
두려워하거나 무서워하지 마십시오.

정성스런 기도 수행을 통하여
복과 지혜를 만족할 만큼 느껴 보십시오.

지금 살자

지난 것은 없는 것입니다.
지금에 사십시오.

지나간 과거에 무엇이 있었든
그것은 있었던 것이지 있는 것이 아닙니다.

모든 과거로부터
마음을 풀어 놓으십시오.

이미 지난 일에서 살지 말고
현실에서 살아야 합니다.

현실에서는 모든 것이 새롭습니다.
천지만물은 현실에서 새로운 것입니다.

나라는 존재

나를 위한 변명은
상대를 고통스럽게 한다.

나를 위한 생활은
이기심을 성장하게 한다.

나를 위한 생은
욕구불만의 상태를 더 성장하게 할 뿐이다.

나의 집착에서 온 그 아픔은
더 큰 아픔을 불러오게 한다.

진정 나를 위한다면
상대를 편안하게 하고 위로해야 한다.

진정 나를 위한다면
보시(布施)의 실천으로 나의 행복을 증장시킬 것이다.

참으로 어여쁜 당신

되돌아보면 어여쁜 당신이 있습니다.
되돌아보면 후회도 원망도 묻어납니다.

세상일에 바쁜 나는
가끔 당신을 잊어버리고
가끔 하늘을 볼 때마다
전류 같은 아픔이 지나갑니다.

사랑을 사랑으로 채우지 못하고
행복을 행복으로 채우지 못한 채
이승의 길을 떠나 저승으로 건너가는
여객처럼 우리는 목적이 없습니다.

이제는 뒤돌아보아야 합니다.
고통스러웠던 일, 사랑스러웠던 일
두려워하거나 무서워하지 말고
모든 장애를 소멸시켜야 합니다.

아무것도 하지 않는 사람은
아무것도 기록할 게 없습니다.
삶에 사랑, 행복, 믿음을 기록해 보세요.

작은 선행의 기록마다
불성(佛性)세계에서 공급되어 오는
은혜 공덕으로 나타날 것입니다.

오늘 그리고 전생(前生), 금생(今生)을 뒤돌아보면
감사하고 고마운 일들이 성취될 것입니다.

살아 있는 모든 생명이여…

자신을 돌아보는 것
자신을 알아가는 것
자신이 무엇을 하고 있는지 깨닫는 것
자신이 사랑하고 행복해하고 있는 것

이 모두는 자신이 하고 있는 일
자신이 만들고 자신이 아파하는 것이어서
'무엇 때문에', '누구 때문에'라고 하지 말 것이다.

인생고락종심기(人生苦樂從心起)
인생의 괴로움과 즐거움이 마음을 따라 일어나는 것이다.

그러므로

살아 있는 자 모두가 행복하자.

살아 있는 자 모두가 번영하자.

살아 있는 자 모두가 사랑하자.

살아 있는 자 모두가 활기차게 살아가자.

살아 있는 자 모두가 감사하며 살아가자.

어려움은 본래 없는 것

우리는 무엇으로 자신을 연마하여
보석처럼 빛나게 되는가?
원석(原石)이 거친 숫돌을 받아들이고
따가운 연마제에 갈려서 빛이 나게 되는 것처럼

어려움이여, 오라!
고난이여, 오라!
모든 문제여, 오라!

부처님의 생명을 지닌 내가
진실한 행으로 이겨낸다는
두려움 없는 믿음
의심 없는 믿음
근심 없는 믿음으로
모든 어려움 속에 뛰어들라.

어려움은 본래 없는 것이니
이는 불자가 믿고 실천할 진리이며
우리를 빛나게 하는 진리이다.

지금 이 순간

지금 이 순간
나의 행동
나의 말
나의 생각은
미래가 됩니다.

고통은 마주하고 관찰하라

고통이 일어나면
그것을 허용하라.

일어나지 못하도록
피하거나 도망치지 말고 받아들여라.

고통을 마주하고 느끼고 관찰하면
고통 그 자체가 본래 없고
마음의 세계가 만들어 내고 있음을 알 수 있다.

부처님 오신 날

부처님 오신 날은
나의 불성(佛性)을 찾은 날입니다.
나의 사랑을 찾은 날입니다.
나의 행복을 찾은 날입니다.
나의 자비심을 찾은 날입니다.
나의 번영을 찾은 날입니다.

광명(光明)은 이미 가득하고
불성(佛性)의 말씀은 우리 모두에게
들려오고 있습니다.

부처님 오신 날을
광명으로 받아들이시고
사랑과 행복을 창조해 보십시오.

사랑을 지금 실천하는 사람에게는
사랑이 가득할 것이며,
행복을 지금 실천하는 사람에게는
행복은 이미 자신의 것입니다.

우리 모두는 불성 존재로서
지금 살아 있는 것입니다.

밝은 사람은 항상 성장한다

태양은 구름 속에 있어도 빛나는 것처럼
밝은 면을 보는 사람은 항상 성장한다.

날씨가 흐려도 울적하다고 탓하지 말고
따가운 햇살을 가려주니 고맙다고 해 보라.

밝은 면을 보려고 하면
'이렇게도 고마운 것이 많았던가' 하고 놀라게 된다.

모두가 생각과 마음에 따라
현상은 달리 나타나는 것이다.

진정 번영하고 행복하고 싶다면
매사에 밝은 얼굴로 고마워하자.

필요한 사람

이 세상에 자주 화내고 짜증내는 사람은
아무도 좋아하지 않습니다.

자주 슬퍼하고 우울해하는 사람은
자신이 먼저 마음이 어두워져서
주위까지 어둡게 합니다.

모든 님이시여,
지금 방긋 웃는 얼굴과 미소로
크게 웃어 보십시오.

지금 행복한 생각
지금 행복한 말들을 사용해 보십시오.

지금부터 행복과 번영이 함께할 것입니다.

내 생명의 힘

내 생명의 힘은 내어 쓸수록 커진다.
내게 내재해 있는 생명은 무한 능력이다.
생명이란 퍼낼수록
끝없이 솟아나는 대해(大海)의 물과 같다.

그것은 쓰는 만큼 줄어드는 한정된 것이 아니다.
우리의 대 생명은
우주를 생성하는 힘의 원동력과 이어져 있다.
맑게 통일된 마음으로 눈앞의 일에 최선을 다하자.
그러면 무한한 우주의 힘이 나타나게 된다.

이미 성공한 사람

기회가 없다고 하지 말라.

내게 주어진 시시각각이
인생을 번영케 하는 최고의 기회이다.

인생에 있어서 가장 좋은 조건은
지금 내게 주어져 있는 조건이다.

행하지 않고 도움이 오기를 바라고만 있다면
지금 내가 지니고 있는 조건마저도 없어지고 마는 것이다.

두려워 말고 인생의 행로를 나아갈지니
두려워하지 않는 자에게는
불행도 병도 그를 침범하지 못할 것이다.

지금 결행하는 자,
이미 성공한 사람이다.

이해할 수 없는 일들이 힘들게 하거든

이해할 수 없는 일들이 힘들게 하거든
오직 지장보살(地藏菩薩)의 명호를 외우고
마음 가득히 감사하라.

지금이 어떤 상태이든 담대히 감당하라.
두려움 없이 한걸음 인생의 길로 나아가라.

세상의 환경이나 자신의 환경 그 자체를
있는 그대로 응시하라.

이해할 수 없는 일들이 힘들게 하거든
바르게 앉아 지장보살님을 생각하고 불러보라.

모든 것은 지금 이 순간의 발원에 의해
내일 그리고 미래세까지 원하는 그 모두가
성취되고 이루어질 것이니

지금의 상태가 아무리 고약하더라도
마음으로 한층 더 지장보살님을 받아들여라.
오직 감사하라.

내가 세상을 본다

세상이 나를 보고 있다.
나도 세상을 보고 있다.
세상은 항상 그대로 흐르고 있다.
내가 보는 세상은 내가 보고 느끼는 만큼만 나의 것이다.

세상의 모든 에너지는 있는 그대로 존재하지만
내가 보고 느끼는 만큼 그 에너지를 사용할 수 있는 것이다.
세상의 재물도 그렇게 그대로 존재하고
내가 보고 느끼고 살펴보고 아는 만큼
나의 재물로 사용할 수 있는 것이다.

그러므로 인생을 포기하지 말며
인생을 부정하지 말며
인생을 어둡게 하지 말라.

정진하면 이미 성취한 것이다.
긍정하면 이미 풍요로운 것이다.
지혜로우면 이미 행복한 것이다.

한 생각 바꾸면

한 순간 생각 바꾸니 밝은 내가 드러나고
그 순간순간으로부터 기쁨과 행복이 나온다.

나는 지금 많이 행복하다.
나는 지금 많이 기쁘다.

한 생각 속에 두려움은 사라지고 평온이 찾아온다.
두려움에 얽매이지 않으면 나눌 수 있는 자비가 생긴다.

행복하지 못한 것
기뻐하지 못한 것
불행하고 우울한 것

그 한 생각 때문에 힘든 것이다.
한 생각 바꾸니 많은 것들이 바뀐다.

마음 이야기

사람과 모든 생명체들이
영원과 느껴지는 시간과 공간을
지나가고 있다.

뭇 생명들에게서 흘러나오는
감정이나 생각 그리고
행위의 정류장은 마음이다.

마음은 그 모든 것을
정립하고 기억해서
오고 가는 것을 필요에 따라
보내 주고 받아 주는 역할을 하는 것이다.

마음은 하나의 시스템과 같아서
맛도 냄새도 형태나 움직임도 찾아볼 수 없지만
이 마음을 두고는 우리는 존재할 수 없는 것이다.

육체를 지니고 살아갈 때도
육체의 소멸을 맞이해도
나의 마음은 그대로 존재해서
다음 생으로 옮겨 가는 영원성을
지니고 있는 것이다.

이 마음에 걸린 집착이 있으면
마음의 노예로 사는 삶을 살게 되며
마음의 주인으로서의 삶을 실천하면
마음은 내가 원하는 대로 그 모든 일들을
성취하게 하고 실현시켜 준다.

내가 나에게 설하는 무설법(無說法)

아무것도 이해하지 못하고
아무것도 할 줄 모르는 나를
욕심은 버리지 못하고
이기심은 점점 커져가고 있는 나를
그런 나를 무엇으로 이해할 수 있을까?

지금의 게으름이 진정 나를 사랑하는 것인가?
내가 나를 조금이라도 사랑하고,
자신의 생명을 사랑하고 싶으면
지금 나의 생각으로 나의 언어로 나의 행위로
불평불만과 자기변명을 더 이상 하지 말라.

○

꿈

———

하는 일 없이
손톱은 자라고
미망(迷妄)의 시간 속에
헛된 꿈이
바람 속에 흩어진다.

지금 일하자

지금 일합시다.
즐거운 마음으로 핑계는 필요없어요.
원망과 불평은 내게 이익 되지 못하네요.

지금 일합시다.
감사한 마음으로 일합시다.
불성(佛性)이 함께하는 공덕을
매 순간마다 성취합시다.

하루살이

오늘 하루 살 만큼 살아 해가 저물고
극락세계가 눈앞에 보일 만큼
가까이 느껴질 때
온몸으로 가득한 풍요로운 의식이 찾아든다.

하루만큼 기뻐하고, 감사하고, 사랑하자.
오늘 하루는 지금뿐,
지금 살아 있는 하루살이.

갈무리하며

감사합니다.

사바세계에 또 다른 계절이 스며들어 지난 계절의 흔적은 사라지고 새로운 계절로 물들어 가고 있습니다.

사람은 누구나 어렵고 힘든 여정을 겪게 마련입니다. 이 힘든 여정 속에서 스스로 노력하며 참 의미를 깨달아 나아간다면 결국 어려움을 견디고 밝은 생명으로 거듭나게 되리라 믿습니다.

자신에게 깃들어 있는 본래불성(本來佛性)의 무한함과 우리 삶이 본래 빛인 세계에서의 여정임을 잊지 않는다면 반드시 좋은 일이 찾아들게 되리라 믿습니다. 좋지 않은 일도 좋게 보고 좋게 이해하는 마음으로 풍요로운 시간들을 손으로 만져 볼 수 있는 매일이 되길 기원합니다.

고맙고 고맙습니다. 제 부족한 글들을 끝까지 읽어 주셔서 감사드립니다. 진심으로 감사드립니다.

오직 감사할 뿐
- 정현 스님의 행복 언어

초판 1쇄 인쇄 | 2021년 5월 1일
초판 1쇄 발행 | 2021년 5월 8일

지은이 | 정현 스님

펴낸이 | 윤재승
펴낸곳 | 민족사

주간 | 사기순
기획편집팀 | 사기순, 최윤영
영업관리팀 | 김세정

출판등록 | 1980년 5월 9일 제1-149호
주소 | 서울 종로구 삼봉로 81 두산위브파빌리온 1131호
전화 | 02)732-2403, 2404 팩스 | 02)739-7565
홈페이지 | www.minjoksa.org
페이스북 | www.facebook.com/minjoksa
이메일 | minjoksabook@naver.com

ⓒ 정현, 2021

ISBN 979-11-89269-84-5 (03220)

※ 책값은 뒤표지에 있습니다. 잘못된 책은 바꿔 드립니다.
※ 저작권법에 의하여 보호를 받는 저작물이므로 무단으로 복사,
  전재하거나 변형하여 사용할 수 없습니다.